見るだけ 聞くだけ 遊ぶだけ
でチャレンジする心がぐんぐん伸びる

モンテッソーリ式 英語が好きな子の育て方

輝きベビーアカデミー代表理事
伊藤美佳

日本実業出版社

はじめに

私は幼稚園教諭として子どもの教育に携わって26年間を過ごし、数えきれないほどたくさんの親子と接してきました。

また、子どもを育てる母として、モンテッソーリ教育に出会いました。現在は、モンテッソーリ教育を幼児期から実践し、0歳から天才を育てる乳幼児親子教室「輝きベビーアカデミー」の代表理事を務めています。

今回、「モンテッソーリ教育におうち遊びを組み合わせて、幼児期から楽しく英語を習得できる本」をつくることになりました。

今の時代、英語について「習わなくていい」と考える方は少ないのではないでしょうか。「できないよりできるほうがいい」「話せないより話せるほうがいい」。それが多くの方が抱いている英語へのイメージだと思います。

長男と2人の娘の3人兄妹を育てていたころの私も、全く同じ気持ちでした。

しかし、当時の私は仕事と育児で忙しく、正直、「子どもの英語教育までは手が回らないな」と感じていました。

今、0～6歳、いちばん手がかかる乳幼児期のお子さんを育てていらっしゃるお母さんの多くも、「英語までは手が回らないな」とお感じではないでしょうか？

そんな方におすすめしたいのが、本書でご紹介する「モンテッソーリ教育をベースにするおうち英語」です。

それというのも、私の娘、次女の聖夏《せいか》の実体験に基づいています。

聖夏は幼稚園からモンテッソーリ教育を受けて育ち、高校卒業後は自らの意志で米国留学を選びました。その後アメリカの大学を卒業して、ニューヨークでプロのダンサーとして活動しました。

こうした経験を生かして、今は「輝きベビーアカデミー」の受講生さん対象のオンラインサロン「英語ｄｅＤＡＮＣＥ」を主宰し、子どもたちに英語でダンスや歌のレッスンを行なっています。

聖夏も最初から英語が堪能だったわけではありませんが、モンテッソーリ教育を受けて育ったことで「自分は今、何がしたいのか」という主体性がハッキリとしていたため、アメリカ生活にもなじみやすかったと言います。

このエピソードを聞き、私の中で「モンテッソーリ教育をベースにした英語教育」の可能性に気づくことができました。そして聖夏と共に、実際にモンテッソーリ教育ベースの英語、それも忙しいパパやママでもチャレンジしやすいおうち英語をみなさんにお伝えすることになりました。

また、私が代表を務める「輝きベビーアカデミー」の認定インストラクターの多くも、「モンテッソーリ教育をベースにしたおうち英語」を実際に実践されています。

そこで、これまで培ってきた「おうち英語」での経験を踏まえて、たくさんの工夫やアイデアを教えていただきました。

とくにチャプター3に出てくるおすすめの英語絵本、チャプター4で紹介する英語遊び、付録の日常生活での声かけフレーズは、インストラクターの先生方にヒアリングした内容をベースにしています。

こうしていろいろな方のお力があって、この本が出来上がりました。

読者の皆さんには、ぜひ肩の力を抜いてラクな気持ちで、お子さんと一緒に英語を楽しんでいただければ幸いです。

目次

Chapter 2

モンテッソーリ英語の始め方

Chapter 3

「見るだけ」「聞くだけ」でモンテッソーリ英語の土台をつくる

Chapter 4

自己肯定感が育つ！「触れるだけ」モンテッソーリ英語遊び

付録

ブックデザイン／上坊菜々子
カバー・本文イラスト／川原瑞丸
英語絵本選定・英語遊び原稿執筆／伊藤聖夏
音声制作／ＥＬＥＣ（千葉康徳）
本文ＤＴＰ／一企画

音声ダウンロード&英語遊び動画の視聴方法

■音声ダウンロードについて

本書で紹介している英語フレーズについて、ヘッドホンアイコン(アイコン入る)があるものは音声がダウンロードできます。

以下のURL、またはQRコードよりダウンロードください。

https://www.m.kagayakibaby.org/monte-english
※ファイルはMP3形式です。視聴にはMP3の再生ソフトが必要です。
※ファイルは通して聴くことも、ページごとに聴くこともできます。フォルダ番号がヘッドホンアイコンに書いてある番号と対応しています。

■英語遊びについて

チャプター4の英語遊びでは、いくつかの動画をご紹介しています。

動画および英語遊びは「輝きベビーアカデミー」内のオンライン教室「英語deDANCE」のメソッドを使っています。

著者の活動について

■輝きベビーアカデミーのオンラインサロンでは

英語deDanceの他にも最新の子育ての学び、同じママとの交流できるコミュニティ、親子で参加できるイベントなどが盛りだくさん!お仲間になりたい方大歓迎です!

「輝きベビーアカデミーオンラインサロン(英語deDance)」はこちらから
https://kagayaki.thinkific.com/courses/723ae5

■英語deDANCEとは?

NY仕込みの英語×ダンスを子どもたちに…!

自由に自分を表現できる楽しさに溢れた教室です。


「輝きベビーアカデミー」内のオンライン教室「英語deDANCE」では、2〜7歳のお子さんを対象に心身の自立のサポートをする教育法を実践しています。

教室を運営している私自身、モンテッソーリ教育を受けて育ち、日本とアメリカでミュージカルを学んだ経験から、子ども達が純粋に思いきり表現を楽しむ場所を作りたいと考え、教室を立ち上げました。教室では歌やダンスやクラフトなどで自己表現することを学び、実験で考える力を学びます。それを通して子どもの感性が磨かれていき、コミュニケーション力、集中力、創造力が養われます。

さらに、身体を動かしながらインプット&アウトプットすることで、英語がより定着しやすくなります。

子どもの可能性は無限大。「英語deDANCE」はお子さんの可能性を最大限活かせる場所であり続けたい、そう願っています。

Let' s have a great time dancing together!

「英語deDANCE」主宰:伊藤聖夏

Chapter 1

モンテッソーリ英語で子どもの才能がぐんぐん伸びる

やっぱり子どもには英語を習わせたい

「子どもに英語を話せるようになってほしい」

この本を手に取られたあなたは、そう願っていると思います。

もしかしてもうすでに、英語のテレビ番組を見せていたり、英語の教材を使ってみたり、英語教室に通わせようと検討されている方もいるかもしれません。

私は今、赤ちゃんから小学校入学前までのお子さんたちを対象にした**モンテッソーリ教育**を取り入れたオンラインスクールを開講しています。

オンラインスクールの受講生さんからは、お子さんを英語に触れさせているというお話や、英語の教材を使っているといったお話を聞いたりすることもよくあります。

ただ、**「無理やり英語を学ばせようとして、かえって英語が嫌いになっているよう**

最初に英語を学び始めた時期

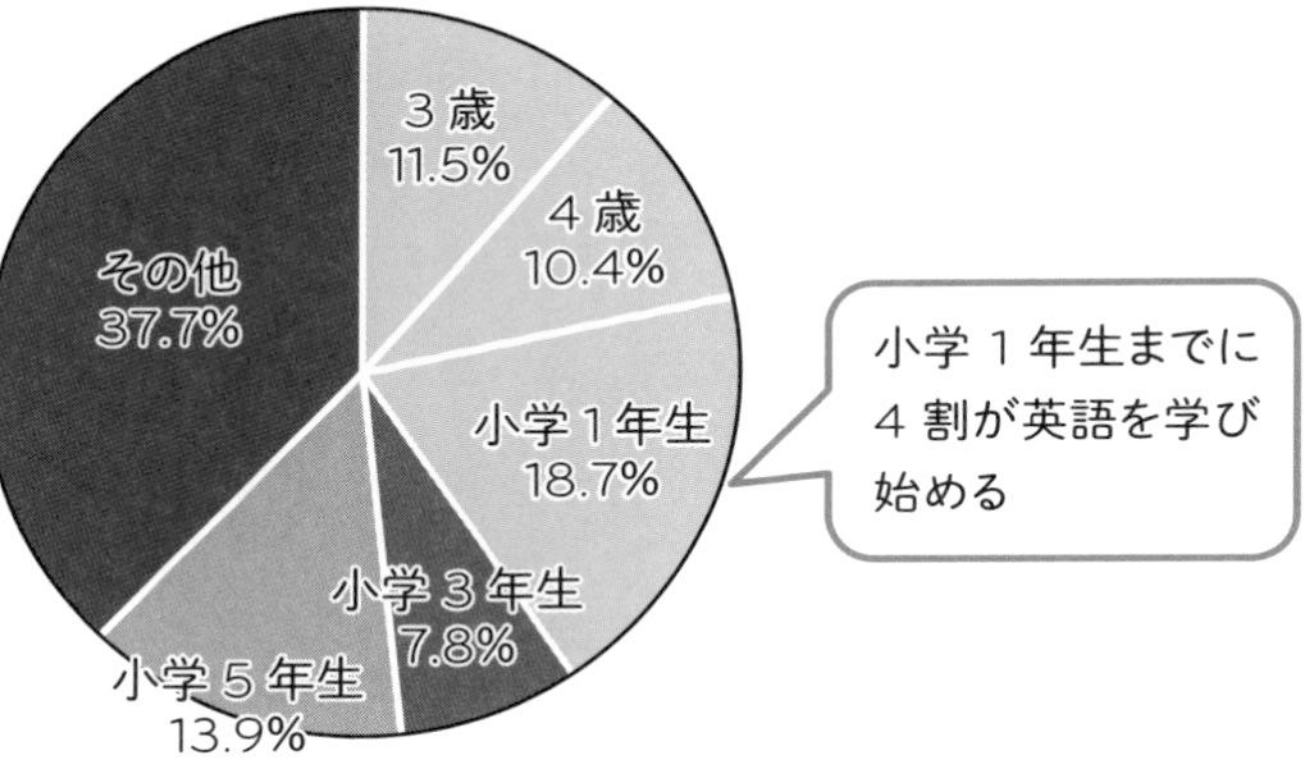

お子様の英語学習に関する意識調査（バンダイ 2017年）

だ」「一生懸命英語を教えようとすればするほど興味がなくなっていく」というお困りの声もしばしば聞きます。

小学校に入るころには、半数くらいのお子さんが英語に触れているとおっしゃっていたママのお話を聞いて、私はびっくりしてしまいました。

驚きついでに調べてみたところ、ある統計では、**小学1年生までに英語の学びをスタートする子どもが約4割**というデータもありました。

とはいえ、データを参照するまでもなく、幼児教育の現場に身を置く者として、子どもたちの学びに対する姿勢の変化はひしひしと感じています。

ひと昔前は、小学校に入るまでに自分の名前をひらがなで書ければ十分でしたが、今やそんなことは当たり前。小学校に科目として英語が導入された影響もあり、入学前からアルファベットの読み書きができたり、かんたんな英単語を口にしたりする子が珍しくなくなっています。

加えて、今、日本はインバウンドに沸いています。観光立国したい国の方針とコロナ明けなどのタイミングが重なり、外国人旅行客が多く日本を訪れています。この流れは今後も加速するでしょう。

これまでは島国で閉鎖的といわれていた日本ですが、今の子どもたちが大きくなるころには外国の人とのコミュニケーションはもっと日常的なものになっているはずです。道を尋ねられたとき、案内できるくらいの英語力は備えていたらいいな……と思うお父さんお母さんも多いのではないでしょうか。そのためには、「英語が好き」にしておきたいものです。

こんなお話をしてしまうと、少しでも早く英語に触れさせ、英語を話せるようにしておかなければ！　と焦ってしまうママやパパもいるかもしれません。

でも焦らなくても大丈夫。

本書ではモンテッソーリ教育を土台として、「英語」という新しい言語を楽しみながら身につけられる方法を紹介していきます。

モンテッソーリ教育の考え方では、英語に限らず、「学び」は子どもに押しつけるものではありません。

子どもが遊びを通じて英語という素材を見たり、聴いたり、感じたりする。その過程を楽しむことで、自発的に学び始め、伸びていく。

それがモンテッソーリ教育を土台にして英語を学ぶということです。

目的は英語の獲得ではなく、「自発的に学ぶ」力を子どもが自分で身につけること。その副産物として、英語を好きになったり、自然と英語に慣れ親しんだりできるようになるのです。

ですから特別な教材や知識は一切必要なし。

おうちにいてママやパパと一緒に、がんばらなくてもできる方法ばかり。
ぜひ、一緒に楽しんでいきましょう。

POINT

モンテッソーリ教育を土台にして英語を学ぶ＝「好奇心」と「自発的に学ぶ」力が育つので 自然に英語を好きになる

モンテッソーリ教育で「自己実現できる子ども」が育つ

本書がモンテッソーリ教育を土台にしていることは前項でもお話ししました。
そこで、モンテッソーリ教育について、もう少しご説明します。

モンテッソーリ教育は、イタリア初の女性医師、マリア・モンテッソーリによって生まれ、世界各国に広がっていった教育法です。

その後、アメリカで非常に注目され、浸透していきました。元アメリカ大統領のバラク・オバマ氏やマイクロソフト創業者のビル・ゲイツ氏、アマゾン創業者のジェフ・ベゾス氏など、モンテッソーリ教育を受けた著名人は多数います。

一方、日本では、将棋の藤井聡太さんが小さいころからモンテッソーリ教育を受けていたことで注目を集めました。それ以来、ここ数年でモンテッソーリ教育は日本の教育現場に広がりました。

それに伴って、モンテッソーリ教育を取り入れた幼稚園や保育園なども増えてきましたが、「モンテッソーリ教育」の形式は取り入れているものの、考え方をきちんと取り入れているかどうかは疑問なケースも増えてきました。

たとえば、狭義のモンテッソーリ教育では**「教具（おもちゃ）」**ありきです。教具を使った学びこそがモンテッソーリ教育の真髄であり、子どもの発達を見極めながら教具を使って才能を伸ばしていきます。

しかし、教具はすべて揃えると100万円以上する高価なものですし、使い方も決まっていて、教具を適切に使って指導できるモンテッソーリ教育の教育者はまだまだ日本には少ないはずです。

とはいえ、モンテッソーリ教育が日本でも浸透してきていること自体は事実です。モンテッソーリ教育に関する書籍は書店の一角を占めるほど出版されていて、おうちでモンテッソーリ教育を取り入れる方法などもわかりやすく紹介されています。実際、モンテッソーリのメソッドを取り入れることで、お子さんの癇癪《かんしゃく》が減った、育てやすくなったという経験を持つ方もいらっしゃるかもしれません。

私はこのモンテッソーリ教育の精神を広めたく、みなさんに伝える活動を長年続けてきました。

モンテッソーリ教育の基本が広く認知され、子どもの成長に生かされることはとてもよいことだと感じています。それは私自身、長男を普通の幼稚園に通わせ、長女と次女をモンテッソーリの幼稚園に通わせた実体験からも感じています。

では、モンテッソーリ教育の基本の精神とはなんだと思いますか?

モンテッソーリ教育は「子どもの自立」を大切にする

モンテッソーリ教育の基本は、「子どもは自らを成長させ、発達させる力を持って生まれてくる。大人である親や教師は、子どもの成長要求をくみ取り、自由を保障し、子どもたちの自発的な活動を援助する存在に徹しなければならない」というものです。

少し難しい表現になってしまいましたね。要は、**子どもの自立がいちばん大切**だということです。

子どもはもともと自らを発達させる力を持っている可能性のかたまりです。

親は子どもの成長ややりたい気持ちをそばにいて見守り、決して手を貸したり世話を焼いたりせず、**子どもの自立を尊重する姿勢が大切なのです。**

POINT

親や先生は子どもの自立心を尊重することがモンテッソーリ教育の基本

モンテッソーリ教育で子どもの才能が目覚める

日本では藤井聡太さんが有名ですが、モンテッソーリ教育を受けた子どもは、成長すると一芸に秀でていて、優秀な人が多いのです。

なぜかというと、モンテッソーリ教育が「子どもの才能」を引き出すからです。

では、なぜ、モンテッソーリ教育で「子どもの才能」が引き出せるのでしょう？

答えは、「子どもたちが集中して自分のやりたいことに取り組める環境」をモンテッソーリ教育では重視し、用意するからです。

モンテッソーリの現場はとても静か

モンテッソーリ教育を実践している幼稚園に行くと、シーンと静かなことが多いので、驚く人が多いものです。

先生が「○○ちゃーん！」などと大きな声で呼ぶこともありません。

先生が「あれをしましょう、これをしましょう」と指示したりもしません。

先生の姿が見えないことも珍しくありません。

でも決して、先生は子どもから目を離しているわけではなく、気配を消して目立たないようにしながら、子どもたちを本当によく観察しています。

そして子どもが困ったときに先生を呼ぶと、すーっと現れて子どものそばに寄り添い、サポートしてくれます。

なぜ、こんな方法を取るのかというと、「子どもたちが集中して自分のやりたいことに取り組む」ためです。

モンテッソーリ教育では、子どもたちは、自分のやりたいことは自分で選び、決めることができると考えます。

そこに先生の助けはいらないのです。

ただ、自分のやりたいことを自分で選ぶための環境が用意されている。

動くのは子ども。大人は見守るのが役目です。

子どもが興味を持っているものは一人ひとり違いますが、「自分の好きなものを自分で選ぶ」ことで、それぞれが集中して取り組めるのです。

── 親は子どもを「教育」せず、見守るだけでいい

これは家庭での教育でも、まったく同じです。

自由に自分の選んだことができる環境で育った子どもは、自分の伸ばしたい能力を伸ばし、自分で考えて行動していけるようになります。

つまり、親は見守り、必要なときに手助けするだけ。

子どもは自分で自分のやりたいことを決めて集中してがんばる。だからこそ、自分の頭で考える子が育ち、才能や個性を伸ばすことができるのです。

POINT

自分で選ぶ力と集中力を育てることで才能・個性を伸ばせる

子ども時代は英語への「好き」を育てることが大切

ここまで読んでお気づきの方もいらっしゃるかもしれません。**本書で目的とするのは、英語に親しみやすい環境をつくり、「子どもが自発的に英語に興味を持ち、英語を好きになる」手助けをすることです。**

私はこの本で対象としている小学校入学前のお子さんの場合は、「英語を好きになる」ことが大切だと考えています。

英語が好きであれば、小学校から始まる英語の授業にも自発的に取り組めますし、語学の才能を発揮することもできるからです。

また、小さいころから英語に触れることで、英語のアンテナが立つようになります。たとえば電車での英語のアナウンスをキャッチできたり、海外の人と道ですれ違ったときに挨拶ができたり。日本人だけではなく、**海外の人とコミュニケーションをとれるようになる土台ができる**のです。

いろいろな人に触れることで好奇心も刺激され、知っている範囲が広がり、世界が豊かになります。

世界が豊かになると、自分の才能を発揮できるのです。どういうことかというと、豊かな環境を与えられると、**「ここで自分の才能や能力を発揮できる!」という選択肢が増える**ということです。

英語もモンテッソーリの「教具」のひとつ

モンテッソーリ教育ではたくさんの「教具」が用意されていて、子どもたちはそのとき興味があるもの、やりたいもの=自分の能力を伸ばしたいものに手を伸ばします。

教具が乏しいと、どうしても持っている能力が伸ばしにくくなります。教具が乏しいということは、選択肢が少ないということ。

逆に教具がたくさんあると、自分にそのとき必要なものを自分で選び、伸ばしたい能力を伸ばすことができます。

英語も教具のひとつです。

英語ができれば、さまざまなメディアから世界の情報を読み取ることができます。当たり前ですが、本や映画、インターネットからの情報だって、限られた日本の情報から、世界中へと広がっていきます。

ちなみに今、日本にいながら海外の大学院の講義を無料でオンライン受講することもできます。それも、英語が理解できるからこそです。

世界の情報が受け取れるばかりか、逆に世界に情報を発信することもできます。

たとえばＹｏｕＴｕｂｅでも、英語で発信できれば市場は世界に広がります。働き方も、ビジネスチャンスも、制限なく世界に広がっているといっても過言ではありません。

POINT

モンテッソーリ式の教育で英語を好きになる子が育つ

「敏感期」は能力を伸ばすチャンス

モンテッソーリ教育では、子どもの**「敏感期」**を重視します。

敏感期は生物学者デ・フリースによって発見され、生物が生まれながらにして持つ能力を発揮する、ある限られた時期のことをいいます。モンテッソーリ教育では、この敏感期が人間にもあてはまると考えます。

モンテッソーリ教育では、子どもの成長過程で、「この時期に、この能力が発達する」という旬の時期を「敏感期」ととらえています。

わかりやすく言い換えれば、その子の「旬」であり「マイブーム」ともいえるでしょう。

子どものそのときの「旬」をうまく取り入れて工夫することで、飽きることなく、集中して取り組むことができます。

子どもの敏感期は6歳までに現れる

「感覚の敏感期」「言語の敏感期」「数の敏感期」など、いろいろな種類がある敏感期ですが、おおむね6歳までに現れます。なかでも将来の人格や人生の土台になるような「発達の敏感期」は、3歳までに強く現れるといわれています。

つまり、生まれたばかりの赤ちゃんが人間として大きく成長していく0〜6歳、遅くとも小学校入学の7歳くらいまでの時期に、さまざまな能力が顕著に現れるということです。

日本語や英語にかかわる「言語の敏感期」は、子どもが言葉を話したくて仕方ない時期に現れます。

お子さんが「あーあー」「うーうー」などの喃語《なんご》を経て、「ママ」「パパ」「わんわん」「カー（車のことだったり、カラスのことだったり）」など、意味のある言葉を話し始めるのは、個人差はありますが平均して1歳半ごろ、早い子で1歳前、ゆっくりな子で2歳前後です。

そして、一度意味のある言葉を話し始めると、子どもは猛スピードで語彙を増やしていきます。何を見ても「わんわん、わんわん」と言っているなと思っていたら、2、3カ月後には「あれは、ねこ」など、たどたどしくも二語文を操り始めたりもします。

なぜ、子どもが猛スピードで話し始められるようになるかというと、0歳から3歳の「言語の敏感期」に言葉にたくさん触れるからです。

もちろん、0歳の赤ちゃんのころはまだ自分から言葉を発することはできませんが、大人がたくさん話しかけることで、実は語彙をどんどんインプットしています。お父さんお母さんの日々の言葉がけ、通りかかる人のあいさつ……だっこされたり、ベビーカーに乗ったりしているだけでも、たくさんの言葉のシャワーをあびているのです。そしてあるとき、突然言葉を話せるようになります。

この「言語の敏感期」に英語に触れることで、日本語と同じように英語の語彙をインプットできます。「幼児期から英語を始めると、身につきやすい」という話を聞いたことがある人も多いのではないでしょうか？

それには、このような理由があるのです。

POINT

敏感期をうまく活用することで自然と英語が身につく

幼児英語は3歳までに始めたほうがいい？

前項を読んだ方は、「じゃあ、英語は3歳までに始めないといけないの？」と感じたかもしれません。

そんなことはありません。

チャプター2でくわしくご説明しますが、「子どもが興味を持ったとき」が始めどきであり、いくら「言語の敏感期」でも、英語に全く興味を持っていないのに英語に触れさせて、急に好きになる、才能が目覚めるということはありません。

大事なのは、親が「敏感期」という概念を知っておくこと。

「今、○○の敏感期だな」と親が気づいて、そっと教具（英語の場合であれば英語の絵本やおもちゃ）や環境（英語が目に入りやすい工夫など）を子どもの見えるところに用意する。

子どもが気づいて興味を持ったら触れてもらう。興味を持たなければまだ早いのだから、次のタイミングを待つ。親はそのように、環境を用意して様子を見て、子どもの興味に注意していてほしいのです。

英語に興味を持ちやすい「敏感期」は？

「言語の敏感期」のほかにも、英語に興味を持ちやすい「敏感期」はあります。

それが**「感覚の敏感期」**です。

「感覚の敏感期」は、その名の通り、触覚、視覚、聴覚、嗅覚、味覚といった五感が発達していく時期。

言語の習得には、「聴覚」もとても重要な要素です。

経験上、耳のいい子は言語の習得にも優れていると感じます。

敏感期には、質のいい音楽に触れることも大切です。

できればデジタル音よりはママやパパの声、そして生の楽器の音に触れさせることがベター。クラシック音楽などを聴かせるのもおすすめです。

親と一緒に歌ったり踊ったりすることでリズム感やバランス感覚、リスニング力が鍛えられることもあるでしょう。

このように、大切なのは「何歳から始めるか」ではなく、「子どもの興味を的確につかめるか」です。

親がするべきことは「3歳になったから英語に触れなさい」というのではなく、敏感期を知って環境を用意することです。

次ページに「0歳から6歳の『敏感期』一覧表」を掲載しています。それぞれの敏感期にお子さんが見せる特徴も紹介しています。参考にして「お子さんの敏感期」に敏感になってみてください。

POINT

子どもの敏感期に敏感になろう!

敏感期一覧表

敏感期		時期	子どものサイン	おうち英語のポイント
発達の敏感期	感覚の敏感期	0～6歳	・いろいろなものを触る、口に入れる ・同じ色や形のものを並べる ・外遊びでポケットにいろいろなものを集める	色についての絵本を一緒に読んでred、blueなど、色の名前を学びましょう。おうちにある家具・家電などで「これは○○ちゃんより大きいね(This is bigger than you.)」と大きさ比べをするのも効果的。
	秩序の敏感期	6カ月～3歳前後	・同じ場所や順序にこだわる ・2歳前後のイヤイヤ期に始まることも	お片づけ習慣をインプットするチャンス。「おもちゃはここにしまって(Put your toys in here.)」「絵本はあそこに置いて(Put your picture book there.)」などを積極的に使ってみましょう。
	運動の敏感期	6カ月～4歳半	・握る、つまむなど指先の動きが活発になる ・イスの上などに立ちたがる ・重いものを持ちたがる	重いものを持ちたがるときには小さいお盆に料理を載せ、食卓まで運ぶお手伝いがおすすめです。「このお料理をテーブルまで運んでもらえる?(Can you take the food to the table?)」と聞きます。
言語の敏感期	話し言葉の敏感期	0～3歳前後	・同じ音を繰り返す ・言葉にならない発声をする	胎児(7カ月ごろ)から耳は聴こえます。お腹にいるうちからたくさん話しかけてください。英語の歌などの音声を流しながら、ママやパパが楽しんでリピートしましょう。
	書き言葉の敏感期	3～5歳半	・文字に興味を示す	英語絵本を読み聞かせしながら、一緒にアルファベットをなぞってみましょう。
	数の敏感期	3～5歳半	・階段、エレベーターなどで数を数える ・100、1000など大きな数に興味を示す	お風呂で「one,two…」と何秒入れるか英語で数えましょう。身近なものを英語で数えつつ、「数えたもの」と「数えてないもの」にグループ分けする遊びも数の概念を身につけるのに役立ちます。
	文化の敏感期	6～9歳ごろまで	・空想のお話を始める ・好きなもの、興味がはっきりしてくる	英語の図鑑などを一緒に読んで子どもの興味を探ります。世界地図や地球儀もおすすめ。「日本はどこかな?(Where is Japan?)」と質問してもいいでしょう。

「モンテッソーリおやこ英語」で育てた子どもたち

英語に苦手意識はないほうがいい。

私がそれを強く実感しているのは、長女と次女が海外に留学した経験があるからです。家族で海外旅行をすると、娘たちは英語で楽しそうにコミュニケーションをとっています。それが誇らしくもあり、うらやましくもあり……。

自由にコミュニケーションをとることができれば、海外に行っても、得られるものが格段に違うはずです。

娘たちは、自分で外国に興味を持ち、自分で調べて留学しました。とくに次女は幼稚園からモンテッソーリ教育を受けていたため、自分のやりたいことを選んで、能力を発揮していくということが、自然にできていたのかもしれません。

次女は日本の公立高校に通っていましたが、芸能活動を始めて演劇に興味を持ち、共演した俳優さんから刺激を受けて、アメリカでミュージカルを学びたいと考えるようになりました。そして「日本の大学には行かない」という選択をしました。高校卒業後、1年間は日本で留学準備をし、翌年からニューヨークの大学に入学することにしたのです。高校の先生には日本の大学に行くように説得されたのですが意志は固く、私も協力することにしました。

海外では多くの友人から日本では得られない刺激をたくさん受けたようです。海外の友人たちは、興味があることがはっきりしていて「自分は今これがしたい」という強い思いがある。そしてみんなと同じレールの上には乗らず、**自分で自分の人生を選択して生きている。**日本の多くの友人たちが大学に進学し、同じ時期に就活をして同じ時期に会社に就職していくのとは大きな違いを感じたようです。

人と違うことは「変」ではなく、「あなたはあなた」と尊重しあえる空気があったのです。

幼稚園で感じたモンテッソーリの自由さ

これは、子どもたちを幼稚園に通わせていたころ、強く思ったことでもあります。

私は自分が幼稚園教諭でしたからいろいろ調べ、長男と長女を家から近いある幼稚園に通わせていました。ただ、そこで子どもたちは窮屈そうでもありました。やりたいことを自由にやれない雰囲気が当時の幼稚園にはあったのです。

そこで探し直して出会ったのがモンテッソーリ教育を取り入れていた幼稚園でした。長男はもう小学生でしたが長女は転園し、次女は最初からその園に入園しました。

モンテッソーリの園では教具を使った学び、好きなことに集中する遊びを通じて自主性、自立心を大いに伸ばしてもらったことが、娘たちの現在に影響しているのは間違いないように感じます。

今、「多様性」という言葉をよく聞くようになりました。

子どもたちに「世界にはいろいろな人がいるんだよ」などと教え込まなくても、**英語と触れあう過程で、子どもたちは自然と多様性を身につけることができる**のではないでしょうか。

POINT

モンテッソーリ教育式の英語の学びで多様性を知ることができる

Column 1

モンテッソーリ教育なしの「子ども英語」は危険！

「モンテッソーリ教育なしの英語教育はあり得ない」

私がこの本でもっとも伝えたいことです。

この本では、このあと絵本やCDなどの音声、声かけフレーズ、ゲームなどのアクティビティなどを使って英語を楽しく習得する方法をたくさん紹介していきますが、大切なのは、何を使って学ばせるかということではありません。

最初にお話ししたように、モンテッソーリ教育では、親や先生などの大人のかかわり方がとても大切です。

それは日本語か英語かということは関係なく、いかに大人が子どもの自立をうながすかかわり方ができるかということです。

モンテッソーリ教育では「これをやりましょう」といった指示命令はしませんし、

「これをやったほうがいいよ」という提案さえもしません。

子ども目線で楽しく学べる環境設定を整えておき、子どもが自分から楽しんでやるようにするのです。

子どもに英語を学ばせたいと思うママやパパの多くはとても真面目で、教育熱心な方が多いです。

それはとても素晴らしいことなのですが、それだけに、子どもの思いを汲み取る前に、とにかくやらせようとしてしまうケースもあります。

また、言語は早くから学ばせたほうが有利なのは間違いありませんが、決して「早い」ことだけが正解ではありません。焦るあまりに子どもが「やりたい」と思う前に手出し、口出しをしてしまうこともあります。

心理学用語で、**「内発的動機づけ」**という言葉があります。自分の中の好奇心や関心、「やりたい」という自発的な思いで動くことをいいます。子どもはこの内発的動機づけがとても強く、これがやる気につながります。だから自分で選ばせてあげることが大事なのです。

子どもは何かを「やらされること」「言われてやること」は嫌なものです。「ほら、英語の時間よ！」などと言わなくても、子どもが自分から楽しめることだけをすること。

ぜひここだけは肝に銘じておきましょう。具体的なやり方は、本書でたくさん紹介していきます。

Column 2

日本語の発達には影響しない？

小さいころから英語を学ばせると、日本語の発達に悪影響があるのではないか、これは本当によく聞かれる質問です。

まず皆さんに知っておいていただきたいのは、母国語（日本語）で子どもとやりとりをするのが基本だということ。

そのうえで日本語か英語かにかかわらず、子どもに言葉の習得をさせるときにモンテッソーリ教育でお伝えしているのは、「生まれたときから赤ちゃんに話しかけること」です。

まだ赤ちゃんだからわかるはずがない、などと思わず、言葉のシャワーをたくさん浴びせてください。

赤ちゃんに何を語りかけたらいいかわからない、というご相談を受けたこともありますが、難しく考えなくても大丈夫。話しかけのおすすめは、「実況中継」です。たとえば、

「今日はこれから買い物に出かけるよ。楽しみだね。○○ちゃん、靴下を履いて行くからね」

「ほら、いいお天気だね。風が気持ちいいね。あ、犬が散歩しているよ、かわいいね」

「今日は帰ったらすぐに夕ごはんをつくらなくちゃ。これからごはんを炊いて、野菜を切って……」などなど。

また、子どもが何かを見ていたら、見ていたものについて語りかけるのもおすすめです。でも、意外と赤ちゃんが何かを見ていても気づいていないママ、パパが多いのが現実です。

あるとき、お子さんをベビーカーに乗せて電車に乗っているママがいました。私は近くに子どもがいると、つい観察してしまうのですが、そのときも赤ちゃんが何かを見て「あ！」という顔をして、話したそうにしていました。

でもママはスマホを見ていて気づきません。本当は、このときこそ赤ちゃんと会話をするチャンスなのです。もしお子さんの様子を見ていたら、「あ、赤い屋根のおうちがあったね。それに気がついたのね」と話しかけることができたのです。

赤ちゃんだからといって、ただぼーっとものを見ているわけではありません。言葉を発することができなくても、赤ちゃんはちゃんとわかっているのです。

何かを見ながら、その頭のなかでは、いろいろな回路がつながり始めているのです。ママやパパには、スマホを見ている時間のほんの少しでも、お子さんを観察してあげてほしいなと思います。

少し話せるようになったお子さんが「ママ（パパ）、見て見て！」と話しかけているのに、忙しいとつい「ちょっと待ってて」「あとでね」と言ってしまうこともよくあります。たしかに親は忙しいのですが、このチャンスを逃すと、お子さんは「ああ、今は話せないな」とあきらめて、結局話すことをやめてしまいます。

話すことをやめてしまうと、自分の思考が深まらなくなってしまいます。

会話というものは、言葉の習得という意味だけでなく、思考を深めるためにとても大切なもの。会話によって複雑な考え方ができるようになったり、自分の思いを言葉にして伝えることができるようになったりするものなのです。

たくさん話しかけられたお子さんは、話し出すのもとても早いです。ですから、まずは日本語での基本的な言葉のやりとりや日常のコミュニケーションを怠らず、たくさん楽しい会話をしてください。その土台があってこその第二言語（英語）なのです。

たしかに、言語を習得するには、どれだけその言語に触れたかが深くかかわっています。ただ、英語に触れることによって日本語に触れる時間が少なくなるというよりは、どれだけ日本語で楽しくコミュニケーションをとれているかが重要になってくるのです。

日本語で楽しくコミュニケーションをしたうえで、ぜひ英語を楽しみましょう。

モンテッソーリおうち英語で〝いいとこどり〟が可能

私がモンテッソーリ教育をベースにしたおうち英語をすすめる理由は5つあります。

1つめは、**家庭の安心感のなかで英語に触れられること。**わざわざどこかの教室に通って習わせることにはためらってしまうママやパパでも、無理なく続けることができます。

2つめは、**親自身がリラックスできること。**

もともと英語が得意な方はいいですが、親自身、英語があまり得意ではない場合、どこかに習いに行かせることだけでも緊張してしまいますし、「やらせなくちゃ」「私もがんばらなくちゃ」と気負ってしまうこともあります。

でも、おうち英語なら、家庭にある絵本や動画などを使ってお金をほとんどかけずに気楽にできますし、失敗しても恥ずかしくありません。親がリラックスしていると、子どもにも必ず伝わります。

3つめは、**親子で一緒に楽しく学べること。**

保育園や幼稚園に入園してしまうと、お友達と遊ぶようになるため、どうしても日本語に触れる時間が増えてきます。それはそれで大切なことなのですが、英語に触れる時間がなくなると、結局やらなくなってしまうことが多いもの。タイミングとしてはできれば入園する前、家でママと一緒にいるときに英語に触れて楽しむ経験があるといいでしょう。

たとえばママやパパが育休中の間（お子さんが産まれて6カ月もしくは1歳半になる間）に一緒に英語に触れておくとベターです。1年くらいの間に親自身も英語に慣れてくるので、その後に職場復帰して忙しくなっても、ちょっとしたときに英語を取り入れることができるでしょう。

4つめは、**英語があって当たり前の環境をつくりやすいこと。**

モンテッソーリでは環境づくりがとても大切だとお話ししました。モンテッソーリの幼稚園では、年齢に合った教具が、子どもが出し入れしやすいように棚などにきれいに収められています。「言語」「数」「感覚」などの分野ごとにコーナーができていて、子どもたちは思い思いに自分が今やりたい教具を取り出し、集中して遊んだあとは元に戻すということをしています。

おうち英語を行なう場合も、幼稚園のようにしてくださいとは言いませんが、子どもが英語に触れたいと思ったときに、すぐに手を伸ばせる環境づくりをすることが重要です。

可能なら、リビングや子ども部屋の片隅に「英語のコーナー」をつくって、そこには英語に関するものしか置かないようにするのもおすすめです。

また、子どもの手が届きやすいところに絵本を置いておき、子どもが絵本を「読んで」と持ってきたらいつでも読んであげる、「歌を歌って」と言われたら一緒に楽しく歌う……そんなことができるのも、おうち英語ならでは。

四六時中、英語漬けでは親子ともども疲れてしまうので、決して無理はしないでほしいのですが、子どもの「今やりたい！」という気持ちを逃さずに応じる余裕が持てるのも、家庭で行なうからこそのメリットではないでしょうか。

5つめは、**生活の実感とともに英語が自然に身につくこと。**学校で習う英語では、主に「読むこと（Reading）」「書くこと（Writing）」「聞くこと（Listening）」を教えてくれます。でもなかなか英語を話せる（Speaking）ようにはなりません。

でも家庭では、たとえばママやパパがキッチンで料理をしながら“Look, it's a eggplant”と子どもに見せたら、紫色の野菜が「ナス＝eggplant」であることを

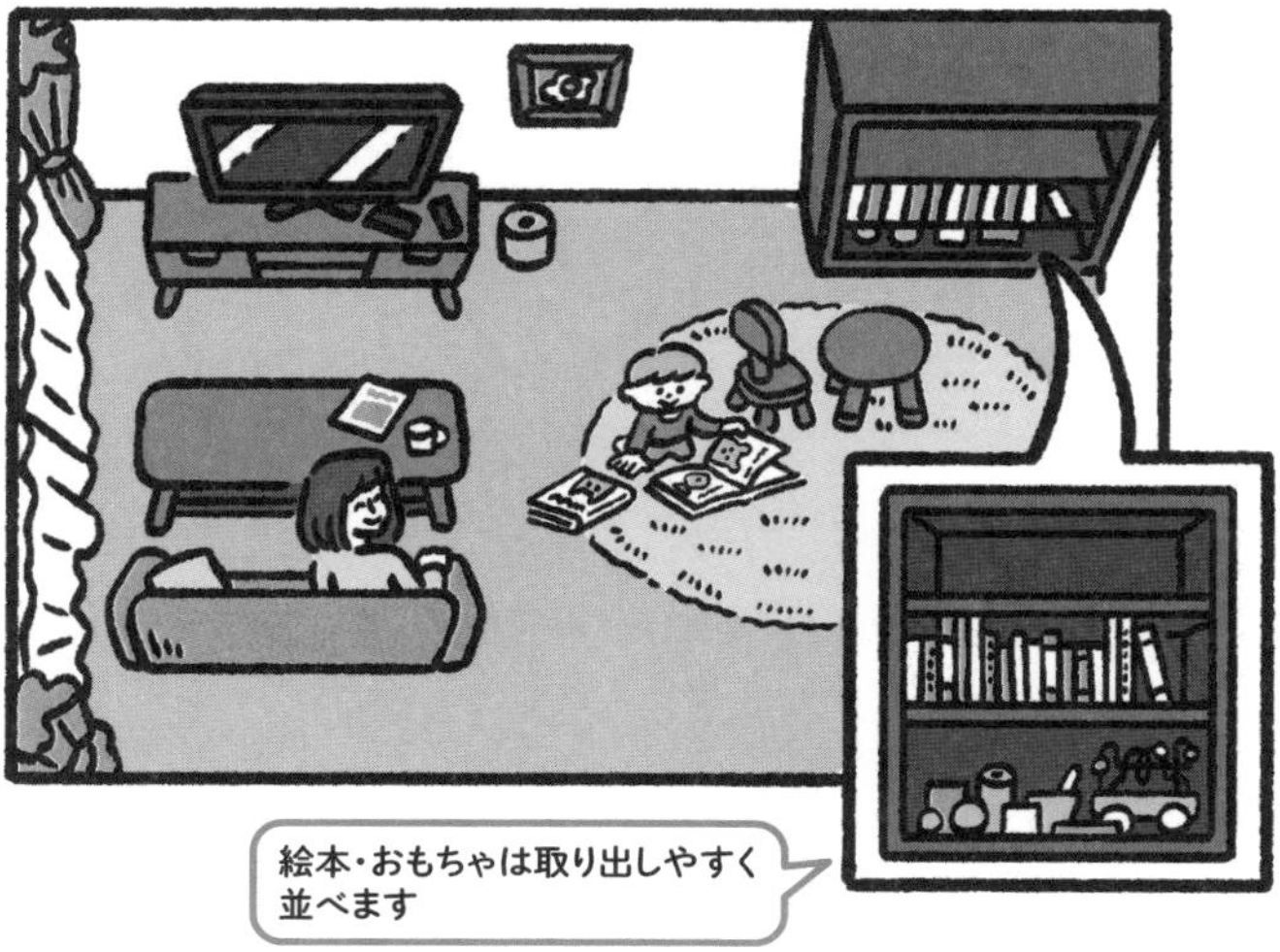

経験から理解していくことができます。

これが英語教室なら、ひとつの単語を覚えたら、すぐ次のレッスンに行ってしまうかもしれませんが、家庭では生活のなかで繰り返し出てくるから、子どもにもしっかり定着していきます。**経験から身についたことは記憶に残りやすいのです。**

絵本に卵（egg）が出てきたら、実際に卵を持たせてみたり、卵を割って料理のお手伝いをしてもらったりすることもできるのです。

POINT

**モンテッソーリ式おうち英語では
リラックスして体験を通じて英語を学べる**

Chapter 2

モンテッソーリ英語の始め方

「やりたい」と思ったときが習得のチャンス

「モンテッソーリ英語を始めるのに最適な時期はありますか?」と聞かれることがあります。チャプター1でも「3歳までに英語を始めたほうがいいか?」ということについてお話ししましたが、**「英語に触れるのに早すぎる、あるいは遅すぎるということはない」**が答えです。

もちろん、早期教育に適しているといわれる3歳まで、もしくは「敏感期」の6歳までに英語を始められたらベターかもしれません。

でも、たとえば今、あなたが「英語をもっと話せるようになりたい!」と思ったら家で一生懸命英語の勉強をしたり、オンラインで英会話を習ったり、英語のスクールに行ったり、何か行動をとりますよね? 行動すれば、何もしないよりは確実に英語はうまくなります。

子どもも同じです。

繰り返しになりますが、**モンテッソーリでは「今やりたいものが、その子にとって必要なもの」と考えます。**

つまり、「自分が今やりたいこと」は、「その能力を伸ばしたい」ということ。

子どもは「自分が今伸ばしたい能力」を無意識にちゃんと求めているし、やり遂げたいと思ってがんばる時期がある。そしてやり切って満足したら、次のステップに移るのです。

「やりたいこと」＝「集中していること」

でも、「英語がやりたいことかどうか、よくわからない」ですよね？

前項までに「言語の敏感期」「感覚の敏感期」などに親は、英語に触れる環境を用意してくださいとお伝えしました。

具体的には英語の絵本を目につくところにおいたり、英語の音楽や動画を流したり、もしできそうだったら、ママやパパが「サンキュー」など、かんたんな英語を会話に取り入れてみたり……。

そうしたとき、子どもがたとえば英語の絵本を手にとってじっと見ている、英語の音楽を聴いてリズムに合わせて体を動かしている、英語の動画をじっと見ている。そのときの表情が唇を尖らせて一心不乱。

そんな集中している様子が見られたら、「興味を持っている」と理解してかまいません。

子どもが遊びに没頭し、集中しているとき、このような状態を、私はよく**「フロー状態に入っている」**と言っています。「フロー」とは、完全にのめり込んでいる状態という意味です。

この「フロー状態」は、敏感期によく見られる現象です。

子どもが自分の持っている能力を最大限に引き出すには、乳幼児期にどれだけこの「フロー状態」を経験しているかが大切です。

フロー状態をたくさん経験した子は、何をするにしてもものすごい集中力を発揮します。勉強やスポーツ、音楽はもちろんのこと、海外で初対面の人と話すときなど、何か新しいことに取り組むときも物怖じせず、高い成果を発揮するようになります。

「フロー状態」の邪魔をしない

お子さんが「フロー状態」に入っていたら、親は声をかけて集中を中断させないで、好きなだけ没頭させましょう。

英語に興味を持ったのが嬉しくて「この歌はどう？」といきなり曲を替えたり、「こっちの本もあるよ」と急に声をかけたりしないことです。

というのも、親が声をかけるとせっかくの「フロー状態」が終わってしまうから。

私がモンテッソーリの幼稚園にいたころ、いつも落ち着きがないような子でも、「しーん」として遊びに没頭してしまう姿を何度も見てきました。

同じ遊びばかり繰り返していることもよくあります。そばで見ている親は、「ほかの遊びもしてみたら？」などと言いたくなってしまいますが、モンテッソーリ園の先生は、そういうときに絶対に声をかけません。集中しているときに話しかけてしまうと、子どもの集中力はプツンと切れてしまうことを知っているからです。

反対に、集中力を切らせず思う存分堪能させれば、子どもは勝手にどんどんと吸収していきます。

英語に限らず、さまざまな遊びのなかで、子どもが没頭してできるものを思う存分やらせてあげましょう。

それが結果的に「ここぞ」というときの高い集中力につながります。

「やりたい！」と思ったときに凄まじい勢いでものごとを吸収できる力も発揮できるようになるのです。

POINT

子どものフロー状態を見逃さない。フロー状態に入っているときは「やり切らせる」

「×英語の勉強」「○英語遊び」で才能が引き出せる

前項でご説明した通り、英語の音楽や動画、絵本などにお子さんが興味を示している！　そう気づいたときが「おやこ英語」の始めどきです。

でも、そもそも何から始めたらいいかわからないですよね？

もちろん、いきなり英会話からスタートしてください、などということはありませんので、安心してくださいね。

―子どもが興味を持ったもので一緒に遊ぶ

最初の一歩は、お子さんが興味を持ち、集中して遊んだものを親子で楽しむことから始めましょう。

英語の絵本にお子さんが興味を持ったとして、お子さんは当然、英語を読めてはいませんね。色彩だったり描かれている絵だったり、そういったものに興味を持ったはずです。

その絵本を触り、見て、時には舐めたりかじったりするお子さんもいるかもしれませんね。とにかくそうして集中して遊び、一旦落ち着いたところで、その絵本を読んであげてください。ママやパパが英語を発するのはハードルが高いものですが、ごくかんたんな絵本を読むことなら今すぐできるはずです。

お子さんが動画に熱中していたとしたら、その動画の歌をママやパパが楽しそうに歌ってみるのもいいですね。

このときも、「子どものために、なんとか歌わなくては！」などと気張らずに、知らない歌なら無理して歌う必要はなく、踊るだけだっていいのです。

「動画を流したり、CDを聞かせたりしているけれど、反応が今ひとつ……」

こんなママ、パパの声も聞きます。

最初のうちは英語をインプットするだけで十分です。

たとえば、英語の歌を流して、子どもがまったく歌わなくても大丈夫。「ほら、一緒に歌ってごらん」などと促す必要はありません。まだ英語で歌を歌う能力が備わっていないときに無理に歌わせようとすると、子どもは自信をなくすばかりか、英語も歌も嫌いになってしまいます。

子どもは大量のインプットの時期を経て、アウトプットしていきます。日本語の獲得を考えてみればわかるように、その言語がわからないのに、いきなり歌うことはできませんよね。子どもは歌えるときが来たら歌いますし、言葉を発せるときが来たら発するのです。

ママやパパはただただ、楽しそうに歌ったり踊ったりすればいいだけ。

それを子どもがぼーっと見ているように見えたとしても、ちゃんと見ていますし、聞いています。

またお子さんが英語に抵抗がなく、興味を持ち始めたら、子どもが好きなアニメなどを英語で観るのもおすすめしています。

ある生徒さんのママから、お子さんが英語をやりたがっているというご相談があったので、アニメを英語で観ることをおすすめしたら、これがドンピシャ！　お子さんがすっかりハマってしまったそうです。あるとき子どもに“How many?”といきなり質問されて、驚いたとおっしゃっていました。

好きなアニメなら、絵から情報が入ってくるので、英語が浸透しやすいのかもしれませんね。

自分で絵本を探したり、動画を検索したりするのも難しい……という人は、市販のおうち英語教材を使うのも、もちろんアリです。

POINT

子どもが興味を持ったもので一緒に遊び
まずは英語をインプットする

ママとパパの英語力は無関係！まずは触れることが大切

「自分の下手な発音で話しかけても大丈夫？」

「もともと英語は苦手。こんな私が子どもに英語を教えていいの？」

とてもよく聞かれる質問です。

せっかく子どもにネイティブの発音を教えたいのに、自分が話すと台無しになってしまうのでは……そう心配する気持ちもわかります。

でも、心配ありません。**子どもは、親と一緒に何かをすることが楽しいし、楽しいから覚えるのです。**

そもそも、たとえば英語の歌を流しておくだけで英語が覚えられるかというと、そうではありません。

赤ちゃんのときは、機械の音（CDの音など）に反応しない、ただのかけ流しは意味がないという研究もあります。

言語習得においては、ママやパパなど、人が一緒にかかわることで覚えるのです。

赤ちゃんにとってはママの声が一番効果的!?

とくに0歳台の赤ちゃんの場合、ママの声の効果は大きいようです。お腹の中でずっとやさしいママの声を聞いていたので、安心感があるのではないでしょうか。

実際、家庭でいつも同じ英語の歌をフルコーラス流していて、その歌の1番の歌詞だけを親と一緒に歌っていたお子さんがいたのですが、お子さんが覚えたのは1番だけ。2番以降は歌えなかったということがありました。だから、ママやパパ自身の声を聞かせることがとても重要なのです。

CDで歌を流しているときでも、その音にかぶせてママやパパが一緒に歌うようにしましょう。一緒に歌うことで、子どもは自然に歌を覚えるのです。

親の発音が悪くても大丈夫。ＣＤやＤＶＤは、基本的に正しい発音、正しい英語が使われていますから、ＣＤと一緒に歌えば、発音は十分にカバーできます。

しかも、子どもは耳がいいので、発音がいいほうを選びとる力をもっています。

私が主宰する幼児教育の教室、「輝きベビーアカデミー」のインストラクターのあいか先生は、モンテッソーリ式のおやこ英語をメインで教えています。

あいか先生の生徒さんの中には、親子で英語遊びや英語絵本の読み聞かせをしているうちにお子さんの発音がよくなったという方も多いそうです。

もし、人間の声だけに反応するなら発音がよくなるはずはないのですが、パパやママの声と一緒に英語の音声を聴くことで、自然と「より正しい音声」がインプットされるということでしょう。ですから安心して、ご自分のできる範囲で英語を発声すれば大丈夫です。

POINT

**親の発音レベルは関係なし！
うまい下手より、英語遊びにかかわることが大事**

あいか先生の情報はこちらから

がんばりすぎはNG！親子で楽しむを第一に

子どもに英語を身につけさせたいと思うと、どうしても親は熱が入ってしまうもの。でも、四六時中英語に触れさせるのは無理ですし、疲れてしまいます。

がんばりすぎると続けることが難しくなってしまいますし、子どもの反応がイマイチだったために、親の英語熱が冷め、あきらめてやめてしまったという話もよく聞きます。やめるだけならまだしも、無理やりやらせようとして、結果的に子どもを英語嫌いにさせてしまっては本末転倒です。

とくに英語教室や塾ではなくモンテッソーリベースのおうち英語の場合は、ママやパパのモチベーションを保つことが必要になります。だから、**子ども以上に親が無理をしないことが大切なのです。**

大切なのは続けること

おうち英語のポイントは、長くゆる〜く続けること。

英語だけではありませんが、**言語を習得するためには、とにかく継続することが大事です。**

主宰している「輝きベビーアカデミー」には英語が堪能なインストラクターのママたちがたくさんいます。バイリンガルの方、留学経験のある方、独学で学んだ方など背景はいろいろですが、英語が堪能なママが家庭でどんなふうに子どもに「おうち英語」を実践しているのか、気になりますよね。

朝からずっと英語を話しているのか、英語タイムを決めてきちんとやっているのか。ところが話を聞いてみると、どのママたちも驚くほどゆるく実践しています。

もちろん最初からうまく実践できていたわけではなく、なかには、ママ自身が英語がペラペラなだけに、自分のやり方を子どもに押しつけて、一時的に英語嫌いにさせてしまったなど、失敗談もありました。そういった失敗を経てたどりついたのが、

「長くゆる〜く」なのです。

「長くゆる〜く」に加えて、もう1つ大切なのが、繰り返しますが**「ママやパパが楽しむこと。」**

とても不思議なのですが、親が楽しくしていると、子どももラクに英語に触れることができます。するといざ英語を使う場面になったら、ためらうことなく英語を使うことができるようになるのです。

親も楽しむためには、余裕を持つことです。

親が忙しくて余裕がないとついイライラしてしまいます。スケジュールを詰め込みすぎず、物理的にも精神的にも余裕を持ちましょう。長くゆるく続けていくなかで、ママとパパの英語力も自然に上がっていきます。

POINT

モンテッソーリ式おうち英語のコツは長くゆる〜く、楽しんで！

続けるためには「英語を使うシーンを決める」ことが大事

長く続ける具体的な方法としておすすめなのが、「英語を使うシーンを決める」ことです。つまり、どういうときに英語を話したり歌ったり、英語に触れるのかをある程度決めてしまうこと。

1日中英語に触れ続けるわけにはいきませんし、ママとは英語、パパとは日本語などと、人によって分けることもできません。また、「遊びのときは英語」とするのも、日本語の習得もあわせて考えると、難しいでしょう。

おすすめは、「お風呂タイム」や「車に乗っているとき」「保育園の送迎のとき」だけ英語にする、寝る前に英語の絵本の読み聞かせタイムをつくるなど、1日のなかで、ほんの少しの時間をイングリッシュ・タイムにすること。

シーンを特定するメリットは2つあります。

1つめは、**子どもの英語スイッチが入りやすいこと。**

2つめは、**使うフレーズが限られているので、親も子どもも話しやすいことです。**

「おうち英語」と言えるかどうかわからない程度のゆるさでも、やわらかい頭を持っている子どもは、まるでスポンジのようにしっかり吸収してくれます。

もちろん、それぞれの家庭に合ったやり方でかまいません。

英語に慣れ、子どもがもう少し話したそうにしていると思ったら機会を増やすなど、臨機応変にしましょう。

寝る前に1冊だけ英語の絵本を読む、さりげなく英語の歌を流すでもいいですし、ママやパパが好きな海外ドラマを観て大人が楽しむのも効果的です。

POINT

英語を使うシーンを決めることで親子で英語のスイッチを入れやすくなる

Column 3

ママとパパで意見が違うのも当たり前

最近はママとパパが一緒に協力して、子どもに英語を学ばせたい、小さいうちから英語に触れさせせたいという人も増えています。

一方でよく聞くのが、ママだけが英語に熱心で、パパはあまり興味がないというケース。パパのほうは「おうち英語」に絶対反対ではないけれど、協力的ではないというご家庭も多いようです。また、高額な英語教材をめぐって夫婦で対立してしまったという話も聞いたことがあります。

「小さいころから英語に触れさせておいたほうがいい」というママの意見に対して、「小学生から学校で習う英語で十分、今からやらせる必要はない」「日本語ができれば問題ない」というパパの意見もあるようです（もちろんその逆もあります）。

夫婦であっても意見が異なるのは当たり前のこと。

子どもは成長していくなかで、さまざまな価値観があることを知ります。まずいちばん最初に触れるのが家族の価値観です。ママとパパという同じ家族の間でも意見が違うことがあり、それをお互いに受け入れること、尊重することが大事だと身近に見ながら学んでいくでしょう。


モンテッソーリ教育では「子どもに選ばせる」ことが重要というお話をしましたが、英語に触れさせることは、子どもの選択肢を増やすことにつながります。

将来、自分の進む道を決めるのは子ども自身です。

その判断材料として、いろいろな価値観に触れ、視野を広げてあげることはとても重要です。さまざまな価値観の人たちと触れあい、刺激しあえる環境を提供してあげること、そのスタートに「おうち英語」があるのだと思います。

「おうち英語」を始めると決めたなら、夫婦それぞれの意見を受容しながら、ぜひ協力しあっていきましょう。

Chapter 3

「見るだけ」「聞くだけ」でモンテッソーリ英語の土台をつくる

絵本は「見るだけ」「聞くだけ」ツールとしてとてもおすすめ

遊びを通じて、長くゆるく英語に親しむ。そのためには、絵本は、「おうち英語」で使える、とてもおすすめのツールです。

赤ちゃんや幼児は絵本をパラパラめくるのが大好き。

身の回りに英語の絵本を何冊か置いておくだけで英語環境をつくることができます。

そしてその置いてある絵本を手にとって**「見るだけ」**でも英語が目に飛び込んできますし、パパやママの読み聞かせを**「聞くだけ」**でも英語が耳に自然と入ってきます。

それに、なんといってもいちばんのメリットは**「親子で一緒に楽しめること」**。

英語で語りかけることになんとなく気恥ずかしさを覚えがちなママやパパも、絵本というツールを使えば、書いてある英文を「読むだけ」なのでチャレンジしやすいはずです。

読み聞かせのすごいパワー

また、絵本の読み聞かせを通じて、英語の4技能「Reading（読む力）」「Listening（聴く力）」「Speaking（話す力）」「Writing（書く力）」を養うこともできます。

ママやパパの読み聞かせの声を「聴く」、そしてアルファベットを目で追いながら「読む」はもちろんのこと、聴いた音を口に出して「話す」、絵本上の文字を指でなぞってみる「書く」。この4つの力が、読み聞かせを通じて自然に身につき、それぞれの力を伸ばすことができるのです。

また、絵本の読み聞かせを通じて、**「英語の耳ができていく」**のも嬉しい効果。

絵本はやさしいレベルの言葉で書かれていますが、たとえばCatとHat、CakeとMake、WetとPetのように韻の踏み方などが工夫されているものも多く、英語独特のリズムに幼いうちから慣れさせることができます。

このように同じ音（Rhyme）を持つほかの単語（Word）のことをRhyming Word（ライミングワード）といいます。

実際、アメリカの小学校では低学年のころに、このライミングワードの勉強をします。同じ音を持つ単語を探したり、グループ分けしたりするのです。

絵本を読むことで、日本にいながら、アメリカのお子さんが勉強しているようなライミングワードを知り、同じ音かどうかを聞き分ける耳が、自然にできていくというわけです。

そして慣れてきたら、子ども自身も、絵本のなかのフレーズを日常会話のなかで使うことができるようにもなるでしょう。

お気に入りの絵本は何度も繰り返し読むものですが、繰り返し読んだ絵本の内容を子どもが暗記することは、日本語の絵本の場合でもよくあります。英語の絵本の場合も同様です。むしろ、**リズム感のある英語の絵本のほうが、暗記してしまうことが多**

いのではないでしょうか。

ある日突然、子どものほうから絵本に出てくる単語や、かんたんな英文が発せられることもあるかもしれませんね。

さらに英語の絵本を見るとわかるのですが、色づかいが日本のものとは全然違います。とてもカラフルで、子どもの目にも楽しいのです。鮮やかな色を目にすることで、色彩感覚を育むこともできるでしょう。

POINT

絵本は見るだけ、聴くだけで英語の「Reading（読む力）」「Listening（聴く力）」「Speaking（話す力）」「Writing（書く力）」を養う

「見るだけ」「聞くだけ」読み聞かせのコツ①

英語の絵本と日本語の絵本を区別なくまぜて置いておく

絵本がおすすめとはいえ、子どもが興味を持ってくれなければ意味がありませんよね。どうしたら子どもが絵本に興味を持ってくれるのでしょうか。

モンテッソーリ教育では、子どもが自然といろいろなことに興味を持ち、自ら学びを深めていける環境づくりを重視しています。それを**「環境設定」**と呼びます。ここではその「環境設定」の手法を使いながら、子どもが自然と興味を持ってくれる仕組みをお伝えします。

まず、**大切なのは絵本の「置き方」です。**

英語の絵本と日本語の絵本を分けて置こうとするのは、実は大人目線の考え方です。子どもは日本語か英語かは関係なく絵本を選びます。

むしろ、英語の絵本と日本語の絵本をまぜて置いておくことで、子どもはごく当たり前に英語に触れ続けることができます。

これが、英語を特別視しないということにつながります。

英語の絵本だけでなく日本語の絵本も読んであげたい場合や、まだ子どもが英語について興味が薄いように感じるときは、**日本語の絵本を3冊読んだら、1冊は英語の絵本にするなど、ルールを決めておくと習慣化しやすい**でしょう。

もちろん、決して無理強いはしません。子どもは気に入った絵本は何度も読んで欲しがりますから、お気に入りを繰り返す合間に「今度はこっちにしよう」などと誘い、お子さんが嫌がらなければ英語の絵本を一緒に読みます。

POINT

子どもが英語の本を選んだら読んであげる

「見るだけ」「聞くだけ」読み聞かせのコツ②

手が届くところに置いておき子どもに選ばせる

モンテッソーリ教育では、おもちゃなどの道具は子ども自身に選ばせ、遊び終わったら子どもが自ら元の場所に戻すように教えます。

きちんと教えれば、1歳半くらいの子どもでも、ママやパパに手助けをしてもらいながら、自分で出し入れすることができます。

英語の絵本と日本語の絵本はまぜて置いておく、というお話をしましたが、絵本があちこちにバラバラに置いてあるのはNGです。

モンテッソーリ教育では秩序を大事にします。**いろいろなものを集める、並べる、区別する、それの繰り返しが知性の土台になるからです。**

モンテッソーリ教育では、特に次のような秩序を重視しています。

・いつもある場所に置く、必ずあった所に戻す（場所）
・いつもの順序にする（順序）
・持ち主をはっきりさせる（所有物）
・いつものやり方で行なう（習慣）

モンテッソーリの考え方に基づくと、「絵本が置いてある場所」は固定したほうがいいのです。**「いつも同じところに同じものが置いてある」ことが大事。**

そうすると、子どもが好きな絵本を選びやすくなります。

そして、子どもが自分で好きな本を選び、手にとるためには、出し入れしやすいことがとても重要です。


たとえば、本棚が背伸びしないと届かない高さだったり、逆にかがまないととれないような低い位置にあったりすると、絵本に触れようとしなくなるでしょう。

同様に、絵本が本棚にぎゅうぎゅうに詰まって差し込んであったりすると、子どもの力ではとり出せません。絵本を立てず、寝かせて重ねるように積み上げて置いてしまったら、下のほうの本はとり出せません。

そのときの子どもの身長や能力に合わせて、いちばんとり出しやすいところに設定してあげましょう。棚の場合も絵本の上のほうに余裕があることと、絵本同士がくっつきすぎず、子どもが本をとり出しやすくすることも必要です。細かいことですが、とても大事です。

また英語の絵本がたった数冊しかなければ、子どもに選ばせる余地がありません。子どもが飽きてしまったら、絵本を読んでもらうことがまったくおもしろくないものになってしまいます。

環境設定で大切なことのひとつが、この**「選べるほどたくさん」**というところ。**子どもは次から次へと楽しそうなものを見つけ、今の自分に必要なものを選びます。**

ですから、選択肢は多いほうがいいのです。英語の本を3冊だけ置いておいたのでは、その3冊が子どもの〝今〟にはまらなかったら手にとってもらえません。

カラフルなもの、アルファベットを学べるもの、かわいらしい女の子が主人公のもの、動物が主人公のもの、イラストが多いもの、写真が多いもの、飛び出すような仕かけがあるもの、おさるのジョージなど知っているキャラクターのもの……たくさんの英語の絵本を並べておいて、子どもが読みたい本を自分で選べるようにしてあげましょう。

選べるほど絵本を用意できない場合は、図書館に行って一気にたくさん借りてきてもOKです。そのなかからお気に入りが見つかったら、あとで購入してもいいでしょう。

POINT

子どもが選べるように豊富に用意しておくことが大切

「見るだけ」「聞くだけ」読み聞かせのコツ③

小さいうちは見てわかりやすい絵本を選ぶ

子どもが文字を読めない小さいころは、**見てわかりやすい絵本**を選びましょう。

子どもが気に入ったものがいちばんですが、ママやパパが選ぶ場合、どうしても「親が読ませたい本」を選んでしまいがち。

そのときについよくばって、「動物の名前を覚えるように、図鑑のようなものがいいんじゃないか」とか、「英語の文章をインプットしてほしいから、ちょっと長めにフレーズの絵本はどうかな」などと思ってしまうかもしれません。

でも、それは逆効果。日本語で二語文がやっと……のような時期の子どもに、長い日本語の文章を無理やり聞かせたからといって、突然流暢《りゅうちょう》にしゃべり出したりはしませんよね？　英語だって同じことです。

まだ子どもが小さい時期はページの中から絵が飛び出してくる絵本や、押すと音が出るような仕かけ絵本を用意しておくのもいいでしょう。

「ママは、これが読みたいな」と言って親が楽しそうに読むのもコツです。繰り返しになりますが、親が楽しそうにしていると、子どもも興味を持ち始めます。「ほら、おもしろいよ」などと誘う必要はありません。親が楽しそうにしていたら子どもは自然と興味を持ちます。

POINT

仕かけ絵本など、ぱっと見で興味を誘う絵本も有効

本当に子どもが楽しめる英語絵本の選び方

次に、英語の絵本の選び方のポイントを紹介します。最終的には子ども自身に読みたい本を選ばせるのですが、ここでは、そもそも親が数ある英語の絵本のなかからどんなものをピックアップすればいいかをお伝えします。

まず、最初のうちは「こんなにかんたんでいいの？」と思うくらいやさしいレベルのものを選ぶことです。**日本語の絵本で読んでいるものよりも、さらにやさしいものを選ぶようにしましょう。**

また、多くの場合、**子どもは最初のうちは単語がひとつもわからないため、絵だけを見て内容がわかるものがおすすめです。**

親はだんだんレベルを上げたくなるかもしれませんが、レベルを上げて絵だけ見ても内容がわからなくなってしまうと、子どもの英語力を問われることになり、英語が嫌いになってしまう可能性もあります。

絵本が子どもに合っているかどうかの見極め方

その本が子どものレベルに合っているかどうかは「わからない単語の数」を目安にしましょう。

ある程度、単語が蓄積されて理解しはじめたとしても、**子どもがわからない単語が見開きで3語以上あるものは難しすぎます。**同時に、ママやパパも絵本の意味が理解でき、感情をこめて楽しく読めるものがいいでしょう。

前述したように、赤ちゃんのうちは視覚で楽しめたり、触って触感が楽しめたりする本もいいでしょう。

ただし、絵本の〝つくり〟には注意が必要です。ペーパーバックのような薄い紙の本は、持ち運びはしやすい反面、小さい子だと破ってしまうことがあります。一方、ボードブックといわれる絵本は厚くて固い紙で作られた本なので、噛みちぎったり破られたりすることがなく安心です。

絵本はどこで買うのがベスト？

英語の絵本の選び方はわかったけど、英語の本なんて買ったことがない。どこに売ってるの？　と思われる方もいるかもしれません。専門書店を探していくのは大変ですよね。でも、安心してください。実は、大型書店であれば洋書の絵本のコーナーがあります。お子さんと一緒に出かけて、好きな本を選んでもらうといいですね。

最初から買うのはチャレンジングだという場合は、図書館もおすすめです。図書館には子ども向けの洋書絵本のコーナーを設けているところもあります。一緒に図書館に絵本を借りにいき、そのなかで英語の絵本を多めに借りて、あとで好きなものを選ばせているというママもいました。

もちろんアマゾンなどのオンライン書店で購入したり、メルカリで購入したりすることも可能です。

どんな絵本がいいか迷ったら、ほかのママたちがどんな英語の絵本を購入しているのかSNSなどを調べてもいいかもしれません。

それでも何を買ったらいいのか迷った場合は、多くの子どもたちに読まれている定番ものを選ぶといいでしょう。次ページからおすすめの絵本を具体的に紹介しますので、ぜひ参考にしてみてください。

POINT

子どもの実年齢よりかんたんそうな絵本から始めてみよう

0～2歳におすすめ

ファースト絵本としても取り組みやすい

©Candlewick; Brdbk edition, 2008

No No Yes Yes
by Leslie Patricelli

こんな絵本です

左ページに子どもがやりがちないたずらなど“No”の例、右ページにやってもいいこと=“Yes”の例が描いてあります。絵本の赤ちゃんは悪いことをしているつもりではないところが微笑ましい本です。

こんなところがおすすめ

“Yes”と“No”しか出てこないので読みやすく、はじめての読み聞かせに最適。いろいろなトーンで“Yes”と“No”を言ってみるのがおすすめです。子どもがいたずらをして注意したいときに「○○はNo No!だよ」と伝えるのもいいですね。

歌つき&かわいいイラストで楽しく読める！

©Cartwheel Books; Brdbk版, 2013

Rain, Rain, Go Away!
by Caroline Jayne Church

こんな絵本です

雨の日にお出かけできなくてつまらない気持ちを絵本にしたもの。英語の歌を題材にしてつくられています。「雨さん、どうかやんでおくれ」という子どもの気持ちをやさしく歌っています。

こんなところがおすすめ

外で遊べない雨の日に読んであげたい本。英語が1ページに3、4語程度と少なめなので赤ちゃんからOK。タイトルで動画検索すると歌も出てきます。最初は普通に読み聞かせて2回目は一緒に歌ってみて。

英語遊びにも使える！

©Dial Books; Illustrated版, 1995

Fuzzy Yellow Ducklings
by Matthew Van Fleet

こんな絵本です

仕かけ絵本で、表紙のヒヨコのおなかの部分は丸く切り抜かれ、ふわふわの黄色い布がついています。ほかにも体の一部に違う色や形、感触の布が貼られ、ページをめくると何の動物かわかる楽しい絵本です。

こんなところがおすすめ

切り抜かれた部分にさまざまな触感の布がついているので、視覚・触覚が養われます。触覚を楽しみながら動物の名前も覚えられます。単語数は少ないですが、ママやパパは動物の鳴き声をマネして盛り上げてください。

親子のスキンシップに使える

©Little Simon, 2000

Where is Baby's Belly Button?
by Karen Katz

こんな絵本です

「赤ちゃんのおへそはどこ?」という題名。左ページで“Where is〜?”と問いかけ、右ページでどこにあるかがわかるようになっている仕かけ絵本です。「いないいないばあ」と同じような楽しみ方ができます。

こんなところがおすすめ

「おへそはどこ?」「足はどこ?」と質問が続くので、楽しみながら“Where is〜?”という英語を理解できます。“feet”“hand”など身体の部位や“under”“behind”などの前置詞も覚えられます。読みながらパーツにやさしくタッチしてあげるとスキンシップとしても効果的。

名作のフィンガーパペット版

©Little Simon, 2000

The Very Hungry Caterpillar's Finger Puppet Book
by Eric Carle

こんな絵本です

日本でも大人気、エリック・カールの「はらぺこあおむし」のパペットブック。あおむしの顔の部分がパペットになっていて、親が指を入れて動かすことができ、子どもと一緒に楽しみながら読めます。

こんなところがおすすめ

パペットで楽しめることはもちろん、ページをめくるたびにカラフルな果物が増え、書かれている数字も増えていくので、“One, two, three…….”と数えると数字の学びにも。色鮮やかな蝶になる場面では、指差しをしながら色の名前を教えるのもおすすめ。

動物のイラストでいないいないばあを楽しめる

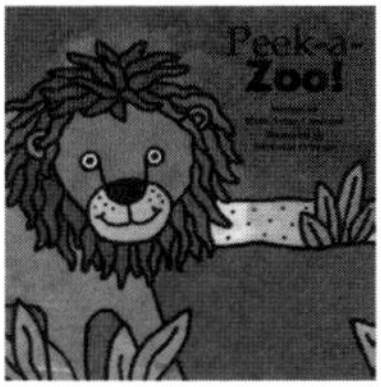

©Dutton Juvenile,2003

Peek-a-Zoo!
by Marie Torres Cimarusti

こんな絵本です

ライオン、オオカミ、あざらしなど、いろいろな動物が大胆なイラストで描かれていて、ページの一部を持ち上げて何の動物か確かめる、「いないいないばあ」感覚で楽しめる絵本です。

こんなところがおすすめ

イラストが大きく描かれていて動物の表情もかわいいので、0歳の赤ちゃんにもおすすめ。何の動物か当てることを楽しみつつ、英語圏の動物の鳴き声表現（日本語とは違いますよね）を知ることができてママ&パパにも楽しい1冊です。

2～4歳におすすめ

リアクションの音から英語が好きになる絵本

©偕成社, 2019

OH NO!
木坂 涼

こんな絵本です

英語のリアクション「Oh no!」がいろいろなシチュエーションで描かれています。こんなときに英語ではこのリアクションをするんだ！というのがわかります。

こんなところがおすすめ

子どもはおもしろい音のするフレーズが大好き！　おもしろい単語から覚えていき、何度も言いたくなっちゃう！　まずはママやパパがテンション高めに「Oh no!」とお話ししてみましょう！　シリーズで「ジャジャーン」という意味の『TA-DAH!』もあります。

トイレトレーニングのサポートに！

©Candlewick, 2010

Potty
by Leslie Patricelli

こんな絵本です

『No No Yes Yes』のシリーズで、トイレトレーニングのお話です。猫や犬に応援されながらおむつをはずし、トイレに挑戦する気持ちが描かれています。トイレトレーニングを始める前に一緒に読むのがおすすめ。

こんなところがおすすめ

不安な気持ちや挑戦したい気持ちなどが共感でき、トイレトレーニング中のお子さんは勇気がもらえることでしょう。絵本を読んだあとにトイレに誘い「にゃんにゃんやわんわんも応援しているよ」と励ましてみると、前向きで楽しい気持ちになれることも。

Peteと一緒に音楽と人生を楽しもう！

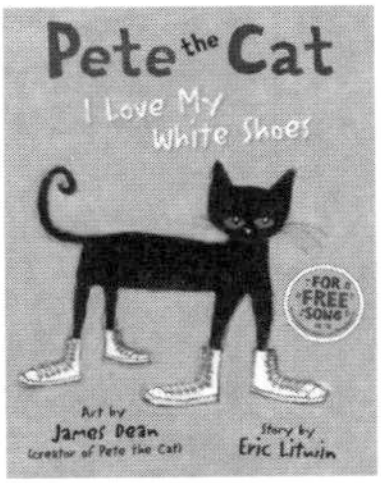

©HarperCollins, 2014

Pete the Cat: I Love My White Shoes
by Eric Litwin

こんな絵本です

どんな状況でも楽しんでいるピートという猫を主人公にした、大人もマネしたくなる人生観が描かれている絵本。外国の絵本らしい色づかいや音楽がキーポイントになっている1冊です。

こんなところがおすすめ

歌と一緒に読めるのが魅力的！　少し長いフレーズが何度も出てくるので、繰り返し親子で読んで、一緒に言えるようになるのが楽しみ！「Oh no!」などのセリフは大げさに読むと、この本が大好きになること間違いなしです！

自分の好きなものを見つける達人に！

©Puffin, 2018

You Choose
by Pippa Goodhart

こんな絵本です

ページごとにいろいろなシチュエーションの素敵な絵と質問が書かれています。たとえば食べ物のページ、洋服のページなどがあって、質問に答えることで自分の好みが明確になっていきます。

こんなところがおすすめ

単なる読み聞かせではなく、親子で質問やお話をしながら読み進めるのに最適な絵本。さまざまな質問を通じて、自分は何が好きなのか？ に子どもが目を向けることができます。ゆっくり考えながら読み進めることで、思考力や創造力が養われます。

いろんな動物が登場するからワクワク

©G.P. Putnam's Sons Books for Young Readers, 1996

Good Night, Gorilla
by Peggy Rathmann

こんな絵本です

夜の動物園で飼育員のポケットから鍵を盗んだゴリラが檻の鍵を開け、動物たちを逃していくお話。家に帰る警備員のうしろには動物の行列が……。絵を見るだけでストーリがわかるのでチャレンジしやすいです。

こんなところがおすすめ

"Good night〇〇（動物の名前）"というセリフだけのシンプルな絵本ながら、いろいろな動物が出てくるので動物の名前を覚えやすく、子どもたちも引き込まれてしまいます。動物が"Good night."と言うシーンは声色を変えて読んであげると、動物好きな子どもは大喜び。

愛情表現のキッカケにつながる

©HMH Books for Young Readers; 第1版, 2008

I Like It When...
by Mary Murphy

こんな絵本です

"I like it when～"＝「～をしているときが好き」というフレーズがずっと続くシンプルなストーリー。「ママが〇〇してくれるときが好き」がたくさん書いてあり、寝る前のスキンシップタイムにぴったり。

こんなところがおすすめ

「おうち英語」で使えるフレーズがたくさん。親が"I like it when"のあとにいろいろな英文を入れてアレンジしてもOK（I like it when you smile. など）。ハグする場面や"I love you."と言う場面ではぎゅっとしてあげましょう。「大好きだよ」なども英語だと伝えやすい。

歌っても楽しめる！ にぎやかな絵本

©Child's Play, 2001

The Wheels on the Bus
by Annie Kubler

こんな絵本です

大きな赤いバスに、ピエロやマジシャン、絵描き、大道芸人などちょっと変わった服装の人たちが乗り込んできて、バスはぎゅうぎゅう詰めに。やがてバスは止まり、パーティータイムに……というお話です。

こんなところがおすすめ

乗り物好きの男の子向き。英文はやや多めですが、童謡がベースになっているので歌いながら読んでもいいでしょう。バスのワイパーが左右に揺れたり、クラクションを鳴らしたりするシーンは、ジェスチャーを交えて大げさに読んであげると喜びます。

5〜6歳におすすめ

英語で会話したくなる絵本

©パイ インターナショナル, 2010

はじめてのえいごでおしゃべりえほん
文：高津 由紀子

こんな絵本です

いろいろなシーンでネイティブが使う表現が絵と共に紹介されています。教科書で習う英語よりも実用的で、よく使うフレーズや単語がたくさん書かれています。

こんなところがおすすめ

お話をしながら読むのに最適の絵本！　単語にはカタカナで読み仮名がふってあり、カタカナを読み上げるだけでネイティブっぽい発音になれます。あいさつをはじめとした日常会話がたくさん掲載されているので、英語圏の国に行くときに持っていくと便利です。

あなたはどのピンク色が好き？

©Usborne Publishing, 2015

Big Book of Colours
by Felicity Brooks

こんな絵本です

英国学校図書協会賞受賞。「子どもたちと無限の会話が始まる本」をモットーに作られた色図鑑絵本。ピンクひとつとっても「baby pink」や「Flamingo pink」などいろいろな色合いが紹介されています。

こんなところがおすすめ

きれいな配色とかわいいイラストが推し！　本に付属している透明フィルムによって色の変化を楽しめる絵本になっているので、この色は何色になると思う？　と質問すると、子どもの好奇心をくすぐること間違いなしです。

歌いながら、数がやさしく身につく

©HMH Books for Young Readers, 2017

Five Little Monkeys Jumping on the Bed
by Eileen Christelow

こんな絵本です

５匹の猿のきょうだいがベッドでジャンプをして遊び、頭をぶつけて全員がケガをします。お医者さんに「もうベッドでジャンプしてはだめだよ」と言われても楽しくてやめられない。微笑ましいお話です。

こんなところがおすすめ

英文がやや多めなので、ある程度、英語に触れたあとで読むのがいいでしょう。同じシーンが繰り返されるためストーリーはわかりやすく、リズム感があるのでとても楽しめます。“five”“four”など数がたくさん出てくるので、数を覚えたいときにも使えます。

文字に興味を持ち始めたら……

©Tiger Tales, 2011

A is for Apple
by Tiger Tales

こんな絵本です

“A is for Apple and ant.”“B is for Ball and bee.”と、AからZまでが頭文字となる英単語が紹介されています。それぞれアルファベットの文字をなぞると、書き方と書き順もわかるようになっています。

こんなところがおすすめ

子どもが「文字」に興味を持ち始めたら、この絵本を使うタイミング。文字の部分がくぼんでいるので、矢印どおりに指でなぞれば、アルファベットの練習に。大文字と小文字が同時に学べますが、まずは無理をせず大文字からスタートするのがいいでしょう。

英語を本格的に学んでみようと思ったら

©Oxford University Press, 2019

Oxford Phonics World
by Kai Schwermer, Julia Chang, Craig Wright

こんな絵本です

英語圏の子どもたちが読み書きを教わるときに使うのがPhonics。中でもこの絵本はペンでアルファベットをタッチすると発音が流れるタイプで、英語の音とアルファベットを紐づけることができます。

こんなところがおすすめ

日本人はＡは「エー」だよね？　と思っているけど、アップルの「A」でもあります。アルファベットがどんな音なのかを身につけると新しい単語に出会ったときにも、どんな発音か予測ができるようになります。発音を身につけるのにもPhonicsはおすすめです。

YouTubeは実は絵本の読み聞かせの宝庫

英語の絵本は、たとえかんたんな英語だとしても、感情をこめて読んだり、発音を意識して読んだりする必要があるので、日本語の絵本よりもハードルが高いと感じることもあるでしょう。

そんなママ&パパへ、今はYouTubeという強い味方があります。

絵本の英語タイトルで検索もできますし、**絵本の英語タイトルのあとにスペースを置いてread aloud（読み上げる）と入れて検索すると、たくさんの読み聞かせ動画が出てきます。**

YouTubeの使い方としては、親が絵本の読み聞かせをする前の練習素材にするのもおすすめです。読み聞かせ動画の英語は、多くの場合ネイティブによって朗読されています。ネイティブの音声は、大人にとってもとても勉強になります。英語のリズム、強弱のつけ方、イントネーション、発音を意識しながら聞いて、リピーティング（英語を聞き終えてから繰り返すこと）・シャドーイング（聞こえてくる英語のすぐあとを追いかけるように話すこと）するような感じで、できるだけマネしてみましょう。

もちろん、ときには動画の音声をそのまま子どもに聞かせることがあってもいいのですが、これまでもお話ししているように、読み聞かせは「親の声」であることがポイント。子どもは親の声を認識していちばんに覚えようとします。ぜひ生のママやパパの声で読み聞かせにチャレンジしてください。

POINT

YouTubeの音声を聴かせることもたまにはよし ママ&パパの練習素材としても有効

読み聞かせは「対話」が大切

読み聞かせをするときは、親が一方的に最後まで読み上げるのではなく、子どもと対話をすることが大切です。

日本での絵本の読み聞かせは、どちらかというと、親が絵本を一定のリズムで読みながら、子どもと対話をせずに最後まで読むことが多いようです。

絵本を読むときに、子どもに話しかけてはいけないと思っている人もいるかもしれません。

でもアメリカでは、読みながら子どもに質問をしたり話しかけたりして、子どもの反応を見ながら対話をして読み進めていきます。

子どものころから、自分の言葉で自分の考えを述べる習慣があり、こうすることで、子どもの思考力や読解力、想像力、コミュニケーション力を育てているのです。

やり方はかんたん。最後まで読みたくなってしまうところを途中で止めて、子どもに問いかけるのです。

子どもに問いかけるときも英語で話せればベストですが、いきなり英語で問いかけるのが難しければ、まずは日本語で話しかけましょう。

たとえばクマが登場する絵本であれば、

「かわいいクマさんだね〜。いくついるかな？」

「……このあと、クマさんはどうするんだろうね？」

「○○ちゃんはどう思う？」

などといったように、子どもの顔を見ながら問いかけてみましょう。

あるいは、絵本に書かれている内容を、親がかんたんな英語で繰り返して言ってみるのもいいでしょう。たとえば『Where is Baby's Belly Button?（おへそどこ？）』という有名な仕かけ絵本がありますが、この絵本では仕かけページをめくりながら"Where is/are ○○?"と繰り返して子どもに聞いてみたり、"There it is!"（そこだ！）と言って盛り上げることができます。

もちろん、子どもが日本語で答えてもOKです。「英語で答えないとダメ！」などと頭ごなしに訂正せず、さりげなく親が英語で言い直すようにしましょう。

たとえば子どもが「クマ」と答えたら“Yes, bear.”と英語で繰り返します。もし子どもの答えがとんちんかんで、クマと言うべきところで「ブタ！」などと言ってきたら、それでも強く否定はせず、「ブタはピッグ（pig）だよ」と伝えてから、“This is bear.”（これはクマだね。）とインプットしてあげましょう。

POINT

絵本を読みながら子どもに問いかけることで子どもが英語を発しやすくなる

英語絵本を読むときにぜひ使ってほしい英語フレーズ

ここでは、英語絵本を読むときに使ってほしい英語のフレーズを厳選して紹介します。

慣れないうちはママやパパも英語を読み上げることに必死になってしまうかもしれませんが、焦らず、子どもの反応を見ながら、ゆっくりと読み上げましょう。

【1】子どもに絵本を選んでもらうときのフレーズ

"It's time for picture books!"

"It's reading time!"

どちらも「絵本の時間だよ」という意味で、「絵本タイム」に切り替えるときにおすすめのフレーズです。

このとき、親が手をたたいたり、片手を上げたりして、「これから楽しい時間が始まる」ことをわかりやすく伝えるのもおすすめです。

「お風呂から出たあと」「寝る前」または「夜8時になったら」など、絵本タイムを決めておくと習慣化しやすいでしょう。

"Which book?"
"Which book do you want to read?"

「どの絵本にする?」という質問のフレーズです。質問して、お子さんに絵本を選んでもらいます。小さくて自分で持ってこられない子には"This book?"と絵本を手にとって見せながら目線や指さしで選んでもらうといいでしょう。

【2】絵本の紹介をする

"Today, we are going to read a story about ○○."

「今日はこんな絵本を読むよ」という紹介のフレーズです。○○の部分は主人公が小さな男の子だったらa little boyでもいいですし、動物がたくさん出てくる絵本ならanimalsなどもいいですね。

また、そこから派生して、子どもに質問をするときは次のフレーズを。

"Do you like ○○?"

「○○は好き?」などがイエス・ノーで答えやすくておすすめです。子どもが○○という単語を理解していなさそうなときはジェスチャーも使って全身で表現したり、ヒントを与えたりしましょう。

子どもの返答を受けたら次のフレーズで答え、読み聞かせを開始します。

"Okay, you like ○○./You don't like ○○."

"Then, let's read!"

読み始める際は、いきなり本文ではなくタイトルや作家の名前を読みましょう。

"Brown Bear, Brown Bear, What Do You See? by Bill Martin Jr. and Eric Carle"

というふうにです。

読み聞かせ中のおすすめフレーズ

読み聞かせ中も、お子さんと一緒に絵を指差しながら会話してみましょう。

"What's this?"
(絵を指差して、これは何?)

"Yes, It's ○○!"
"That's right!"
(そうだね)

お子さんが正しい単語を答えたら肯定します。

"What is he/she doing?"

（この子は何をしている？）

読んでいる最中も、こんなフレーズを使って質問をしてみましょう。正解が目的ではないので、子どもから支離滅裂な答えが返ってきても訂正したりせず楽しみましょう。親がさりげなく正しい答えを言ってもいいですね。

もし子どもが日本語で答えたら"in English?"と聞いて英語での返答を促してください。

"The end."

（おしまい）

"How was it?"

"Do you like it?"

（どうだった？　好き？）

読み終わったら、このフレーズを使って感想を聞きます。

英語絵本を読むときに使いたいフレーズ 1

- 絵本の時間だよ
  It's time for picture books!／It's reading time!
- どの本にする?
  Which book?／Which book do you want to read?
- 今日は○○の本を読むよ
  Today, we are going to read a story about ○○.
- ○○は好き?
  Do you like ○○?
- わかった、あなたは○○が好きなのね。／あなたは○○が嫌いなのね
  Okay, you like ○○./You don't like○○."
- さあ、読みましょう
  Then, let's read!

英語絵本を読むときに使いたいフレーズ 1

- (絵を指差して) これは何?
  What' s this? "
- そうだね
  Yes, It' s ○○! "／That' s right! "
- この子は何をしている?
  What is he／she doing?
- おしまい
  The end.
- どうだった?
  How was it?
- 好き?
  Do you like it?

Column 4

モンテッソーリ教育式おうち英語の心得チェックリスト

チャプター1～3にかけて、モンテッソーリ教育式のおうち英語について、大切なポイントや絵本の読み聞かせを通じたおうち英語の方法などについてご説明してきました。モンテッソーリ教育にはじめて触れるお父さん・お母さんからすると、子どもへの接し方が今までと違うことにとまどってしまう人もいるかもしれません。

ここで改めてモンテッソーリ教育式のおうち英語の心得をチェックしてみましょう。

最初から全部できなくても大丈夫。だんだんとできる項目を増やしていきましょう。

また、「おうち英語」を進めるなかで、もしも子どもとの接し方に迷うことがあったら、このチェックリストのページに戻ってきてみてください。

【モンテッソーリ教育式おうち英語の心得】

□「やりなさい」と言わない
□英語ができることを期待しない
□子どもがやりたくなさそうなときはお休みする（無理にやらせない）
□間違っても訂正しない
□子どもがやりたいもの、興味があるものを自分で選ばせる
□子どもが集中していたら、邪魔をしない
□子どもが満足するまでやらせる（同じことを繰り返していてもＯＫ）
□子どもを信じて、待つ（言うことを聞かせて親の思い通りにしようとしない）
□親子で一緒に楽しむ（親も楽しんでいることが大事）

「間違っても訂正しない」というチェック項目について補足をすると、**英語を勉強にしないこと、ママやパパが「先生」にならないということが大切です。**

だんだんとおうち英語に慣れてきて、子どもが自分で英語を読めるようになると、単語を間違えて読んでしまうこともあります（たとえば〝red〟を〝blue〟と言ってしまう、

"take"を「タケ」と読んでしまうなど)。

そういうとき、基本的に親はスルーでＯＫ。

もし、「違うよ、○○が正しいんだよ」などと指摘してしまったら、楽しい気持ちはたちまちしぼんでしまいますし、やる気もなくなってしまいます。

間違いを訂正するより、お父さん・お母さんは子どもが今楽しんでいることに共感してあげましょう。

そのうち、自分で間違いに気づいて訂正するかもしれません。

今、訂正しなくても小学校で英語を学んだり、中学や高校で英会話をするようになれば、どこかの段階で絶対に自分で気づいて訂正します。親が、せっかく楽しく遊んでいる気持ちに水をさしてまで正す必要はないのです。

でも、親だからこそ間違いが気になって、つい言いたくなっちゃいますよね。

わかります! でも、言わないで、一緒に楽しむことを優先してください。

モンテッソーリ教育では、失敗に気づいて自分で考え、やり直すことをとても重要視しています。

Chapter 4

自己肯定感が育つ！「触れるだけ」モンテッソーリ英語遊び

モンテッソーリ教育×英語遊びは、5つの分野を意識するとうまくいく

モンテッソーリ教育では、「日常生活」「感覚」「言語」「数」「文化」の5つの分野を伸ばすものとして、「遊び」を位置づけています。

この5つの分野は、それぞれ独立しているわけではなく、深くかかわりあっていいます。それぞれに適した教具や教材があり、子どものそのときにしたいことや発達の段階に応じたものが用意されているのです。

ひとりひとりの子どもに教具を与えるタイミングも、発達段階によって異なります。人と比べて早い、遅いではなく、その子がひとりでもできるように援助をするのが大人の役割です。

ここでは、このあと紹介する英語遊びにつながる「日常生活」「感覚」「言語」「数」

の4つの分野についてかんたんに説明しましょう。

日常生活

子どもは2～3歳になると、身近にいる親などの動作をマネしたがります。大人の動作をマネすることで、自分のことは自分でできるようになっていきます。

また、自分の体を使って何かをしたいという欲求もあります。この時期に、子どもに合わせた環境をととのえ、自分ひとりでできるように大人はサポートします。そうすることで、自立心が育っていくのです。

0歳から6歳の間に感覚、言語、数などの敏感期があるということはお話ししました。日常生活には、その、今伸びている敏感期にするといい動きが実はたくさん含まれています。

たとえば、朝起きて顔を洗うときの水の冷たさ、そういったものでも感覚は刺激されます。「冷蔵庫からりんごを1つとって」とお母さんが言って冷蔵庫からりんごを探してとってくる、それも1つだけ。そういうところで数に関する感覚が伸びたりもします。

このように、日常生活はさまざまな敏感期とも密接にかかわるものです。

感覚

モンテッソーリ教育では、「五感」から得られる刺激をとても重要視しています。子どものころはとくに、感覚的な刺激から吸収するものが多いです。

子どもはあるときから、「どうして?」などの問いかけが増えてきます。

これは、今まで無意識に触れてきたものに意味を見出し始め、知性が芽生えてきた証拠でもあります。

この時期に五感から刺激を受けることはとても重要です。

お父さん・お母さんが子どもの肌に触れながら歌う英語遊びなどは、聴覚と触覚に刺激を与えます。

目で見る、耳で聞く、匂いをかぐ、味わう、手で触るなどの経験をたくさんさせてあげましょう。そこから目や耳、鼻、口、皮膚などの感覚器官を通して感覚が研ぎ澄まされていきます。

言語

「この字、なあに？」「これってなんて読むの？」

子どもが文字や言葉に興味を持ち始めると、こんな質問をしてくることがあります。日常生活、そして感覚の教育によって、子どもが言語を「話す」ことを始めると、次は「書く」「読む」ことができるようになり、語彙力を豊かにしていきます。

言語の習得は、人とコミュニケーションをとるうえで欠かせません。言葉を得ることによって子どもは自分の考えを深め、同時に自分以外の人の考えを知ってお互いの理解を深めていきます。

子どものころはとくに言葉に対しての感受性が強いので、この時期に楽しく言語を習得させることは、子どもの自立のためにも、とても意義が深いものなのです。

数

子どもはある時期から、数に興味を持ち始めます。

子どもたちは「1、2、3」など具体的にものを数え始めますが、それはものを使って数を数え、「量」を把握しているのです。「数字」というものを使って、数の世界に興味が持てるように導いてあげましょう。

数を学ぶことは、算数の成績アップのため、ということではありません。

たとえば両手で砂をすくったときの重さが100グラムなのか1キロなのか、1リットルの牛乳はどのコップで何杯分くらいなのか、そういった重さや量が肌感覚でわかること、「1個のみかんと1個のみかんがあると2個のみかんになる」ということ。

そういった**数の概念を遊びを通じて身をもって理解することは、生きていくために必要な数学的思考や、数と時間の感覚の成長などにつながっていきます。**

POINT

英語遊びは5つの分野を意識する

このチャプターで紹介する英語遊びは、日常生活・言語・感覚・数の4つの分野ごとに伸ばすものです。特別なおもちゃを購入しなくても、100円ショップなどで購入できたり、手づくりできたりするものもたくさんあります。

「おうち英語」を実践しているママやパパたちが試してよかったものや、「おうち英語」を教えているインストラクターさんおすすめのものを厳選しているので、できるものから試してみてください。

お子さんがハマるものが絶対に見つかるはずです。

おすすめ年齢 3歳程度～

Walking, walking!
（歩こう、歩こう！）

遊び方

1 次のURLの動画に合わせて、身体を動かす。
https://www.youtube.com/watch?v=fPMjnlTEZwU
歌詞はとてもシンプルで、日本でも聴き慣れた「グーチョキパーでなにつくろう」のメロディーなので歌いやすい。

2 ♪Walking Walking, Walking Walking, Hop Hop Hop, Hop Hop Hop, Running Running Running, Running Running Running,Now, Let's stop. Now, Let's stop.…(つづく)…♪

3 歌に合わせて、Walkingの部分では、足踏みして歩いてみる。Hopの部分では、ジャンプ。Runningの部分では走ってから、Now, Let's stopの部分で動きを止める。
次第にリズムが早くなっていくので、リズムに合わせてチャレンジしても楽しい。

POINT

- 幼児期の子どもは歩く、飛ぶ、走る、止まる、つま先歩きなど体全体で動き回ることができます。
- 動作と結びつけると英語も記憶に残りやすくなります。
- ねんね期の赤ちゃんの場合は、ママやパパの指で体全体を刺激する遊びに。
- Walkingのところはゆっくりつんつん、Hopのところは体の上を飛び跳ねるように、Runningは素早く体全体をつんつん、Stopで止めましょう。

こんな英語を使ってみよう

- **Walking Walking.**（歩いて）
- **Hop Hop Hop.**（跳んで）
- **Running Running Running.**（走って）
- **Let' s stop.**（止まって）
- **Now, Let' s stop.**（さあ、止まって）

ここが伸びる！

動作と結びつけて楽しく英語が覚えられ、運動能力もアップします。

おすすめ年齢 3歳程度〜

クマさんに食べさせる

遊び方

1 クマさん型（好きな動物型）のお皿を用意し、別のトレーの上にボールを置いておく。

2 “The bear’s hungry! Let’s feed him!”（クマさんはおなかが空いてるから食べさせよう）と親が声をかける。

3 子どもはトング、レンゲ、または手でボールをつかんでお皿に入れるチャレンジをする。

4 子どもが上手に入れたら“Yummy! Yum, yum! Delicious!”（おいしい！）などと言って盛り上げる。

POINT

- クマ（bear）の部分はお皿にいる好きな動物の名前で。
- 小さいボールは、子どもが誤って飲み込まないように注意しましょう。

こんな英語を使ってみよう 2

▶ **The bear's hungry! Let's feed him!**
（クマさんはおなかが空いてるから食べさせよう）

▶ **Yummy! Yum, yum! Delicious!**
（おいしい！）

ここが伸びる！

握る、離す、すくう、つかむなど手指を刺激することで脳の発達を促します。集中力も身につきます。

おすすめ年齢 4歳程度〜

Simon says
（サイモン セッズ）

遊び方

1 親：“Simon says, touch your hair!”
➜指示に従う子ども：（髪の毛を触る）

2 親：“Simon says, touch your lip!”
➜指示に従う子ども：（くちびるを触る）

3 親：“Simon says,… please touch your leg!”
➜指示に従う子ども：（脚を触る）

4 親：“Touch your arm!”（＊Simon saysと言っていない）
➜指示に従ってはダメ
子ども：（腕を触ったらNG）

5 親：“You lose!”（あなたの負け!）“I didn’t say ‘Simon says’.”（“サイモン・セッズ”と言わなかったよ。）と言って、腕を触ったらNGだと説明する。

POINT

- 最初は下線部をarm, leg, eye, noseなどのボディーパーツにしてたくさん試しましょう。慣れてきたら、right（右）やleft（左）などの指示も加えて。
- また、応用として、touch以外の指示をしてもOK（例：Simon says, smile! やSimon says, raise your arms! など）。
- 指示された英語を理解できるくらいのレベルが必要なものの、小さい子は、動作をマネするだけでも楽しめます。

こんな英語を使ってみよう 3

- **Simon says, touch your hair!**
（髪を触って）
- **Simon says, touch your lip!**
（くちびるを触って）
- **Simon says… please touch your leg!**
（脚を触って）
- **Touch your arm!**
（腕を触って）
- **You lose!**
（あなたの負け）
- **I didn't say 'Simon says'.**
（"サイモン・セッズ"と言わなかったよ）

ここが伸びる！

左脳で理解した言語を右脳で運動として実行することで、学習効果が高まり、英語の習得につながります。

おすすめ年齢 3歳程度～

○○形のもの、探そう！

遊び方

1 たとえば、長方形の図が書かれたカードの下に、rectangle（長方形）とスペルが書かれている単語カードをつくり、子どもに見せる。カードの形はどんな形でもOK。

2 「Find rectangle（長方形を探そう!）」と言って、子どもと一緒におうちの中を歩き回って、家のなかで長方形のもの（例：冷蔵庫、本、ベッドなど）を探す。

3 見つけたらタッチする。

4 見つけた長方形が冷蔵庫だったら「Refrigerator（冷蔵庫）」と伝えると、英単語も覚えられるのでおすすめ。

POINT

- カードはネットのフリー素材なども活用できます。
- 四角（square）、円形（circle）や三角形（triangle）などでもできます。
- このゲームは「黄色のものを探そう」など、色でも応用可能です。

こんな英語を使ってみよう 4

- **"This is rectangle."**（これが長方形だよ）
- **"Let's find something that is rectangle in this room."**
（この部屋の中で長方形のものを探してみよう）
- **"Let's find something that is triangle in this room."**
（この部屋の中で三角形のものを探してみよう）
- **"Let's find something that is circle in this room."**
（この部屋の中で円形のものを探してみよう）
- **"I found it!"**（見つけた！）
- **"This rectangle thing is called a refrigerator/table/book."**
（この長方形のものは、冷蔵庫／テーブル／本と呼ばれているよ）

ここが伸びる！

体を動かしながらインプットできるので、色や形、ものの名前が記憶に残りやすくなります。

おすすめ年齢 2歳程度～

寒天で遊ぼう

遊び方

1 寒天をつくる。
鍋に水と粉寒天を入れて火にかけて溶かす。
溶け切ったら火を止め、粗熱がとれたら容器に移す。

2 好きな色の食紅を加えてよくまぜる。
(*色は2、3色あるときれいです)。

3 常温で1時間ほどで固まる。
冷やしたいときは固まったあと、冷蔵庫に入れる。

4 できあがった寒天のうち半分を細かく切る。
透明のカップに入れて水を入れて、見て触って楽しむ。

5 残りの半分はクッキーの型抜きで抜くなどして遊ぶ。

POINT

- 子どもは口に入れがちなので、食用の色素を使います。
- 五感のうち、視覚、嗅覚、触覚、砂糖を入れないので甘くはないですが、口に入れても大丈夫なので味覚を感じることもでき、複数の感覚を刺激できる遊びです。

こんな英語を使ってみよう 5

▶ **“It’ s very soft.”**
（やわらかいね）

▶ **“Oh, it’ s cold!”**
（冷たい！）

▶ **“Look, it is blue!”**
（見て、青いよ！）

▶ **“It is sparkling!”**
（キラキラしているね！）

▶ **“It’ s so beautiful.”**
（きれいだね）

▶ **“It’ s of a star shape!”**
（星型だよ！）
※型抜きをしたときに使ってみましょう

▶ **“What’ s this?”**
（これは何かな?）

▶ **“Star!/Heart!/Flower!/Bear!”**
（星！／ハート！／花！／クマ！）

ここが伸びる！

寒天のやわらかい感触を楽しみながら、さまざまな色や形を覚えます。さらに型抜きを使って手指の動きも伸ばします。

おすすめ年齢 2歳程度〜

音当てクイズ

遊び方

1 空のペットボトルを複数本用意する。
その中にそれぞれお米やコーヒー豆、どんぐり、ビー玉などの音が出やすい素材を入れる。

2 子どもには目を閉じてもらい、親がペットボトルを振って、何の音か当てさせる。

POINT

- ペットボトルのふたを開けて、子どもに目をつぶって匂いをかいでもらえば「匂い当てクイズ」をすることもできます。
- 五感の中で嗅覚は記憶に残りやすいため、「音当て」で単語が定着しない場合は「匂い当て」にするのもおすすめです。

こんな英語を使ってみよう 6

▶ **"This is rice."**
（これがお米だよ）

▶ **"These are coffee beans."**
（これがコーヒー豆だよ）

▶ **"This is a marble."**
（これがビー玉だよ）

▶ **"Close your eyes."**
（目を閉じて）

▶ **"What's this sound?"**
（これは何の音かな？）

ここが伸びる！

耳を澄まして音を聞くことで、集中力が身につきます。英語リスニングの際の集中力にもつながるでしょう。

おすすめ年齢 4歳程度〜

アルファベットかるた

遊び方

1. アルファベットを1文字ずつわかりやすく書いたカードを用意する（手づくりでもいいですし、インターネットなどでも購入できます）。
2. カルタとりのように「"A" をタッチして」などと言って、Aを探してタッチさせる。
3. 1文字だけでは物足りなくなってきたら、"CATはどこ?" などと言って、"C" "A" "T" の3枚のカードを探させるなど数を増やしていく。

POINT

- アルファベットカードを手づくりするときは、手書きでもいいですが、エクセルなどでつくると文字がわかりやすいです。破れないようにラミネート加工するのがおすすめ。
- 応用として、大文字、小文字のカードを別々につくり、大文字の“A”と小文字の“a”を見つけていくゲームや、並べ替えて単語をつくるゲームなどもできますね。

こんな英語を使ってみよう 7

▶ **“They are alphabet cards.”**
（アルファベットのカードだよ）

▶ **“This is a capital A / small A.”**
（これが大文字の／小文字の“**A**”だよ）

▶ **“Please try to touch A.”**
（**A**にタッチしてみて）

▶ **“Where is a capital A?”**
（大文字の**A**はどこかな?）

▶ **“Great! You found it!”**
（すごい！　見つけたね！）

▶ **“What’s this letter?”**
（この文字は何だ?）

▶ **“Next, where is CAT? C-A-T, cat.”**
（次に、**CAT**はどこかな?　**C, A, T**でキャットだよ）

ここが伸びる！

遊びながらアルファベット（大文字、小文字）を覚えられます。また、カードを見つけたら「この文字は何?」と聞いてアウトプットを促すことで、アルファベットを覚えやすくなります。

おすすめ年齢 1歳程度～

絵合わせカードで単語インプット

遊び方

1 英語の絵合わせカード（例：「りんご」の場合、りんごの絵の下に、日本語で「りんご」英語で「apple」と書いてある）を用意する。

2 「りんごはどれかな?」などと言って、子どもが1枚とってきたら「この半分はどこにあるかな?」「これかな?」「Is that it? あれかな?」と言って、探させる。

3 子どもが組み合わせを見つけたら、親も“apple”と単語を発音してインプットする。
子どもが“apple!”とは言わず、「りんご!」など日本語で返してきてもOK。

もし年中さん以上で、ある程度英語に触れてきたお子さんなら「英語で言ってみて?」と聞くのもアリ。

POINT

- 最初は2、3組など少ないカードで始めるのがコツ。
- 写真を半分に切るだけ、よく読んで絵柄を覚えている絵本のページをコピーして半分に切るだけ、などでもカードがつくれます。

こんな英語を使ってみよう 8

- **"This is a half of an apple."**（これはりんごの半分だよ）
- **"This is an apple."**（これはりんごだよ）
  *絵合わせしたカードを見せながら
- **"I' m going to line up these cards here."**
  （カードをここに並べるね）
- **"Where is an apple?"**（りんごはどれかな?）
- **"Where is the half of this apple?"**
  （このりんごの半分はどこかな?）
- **"This one?"**（これかな?）
- **"That one?"**（あれかな?）
- **"Yes, it' s an apple."**（そうだね、りんごだね）
- **"What' s this?"**（これは何?）
  *探し当てたカードを合わせて絵を見せながら
- **"Please say it in English."**（英語で言ってみて）
  *子どもが日本語で答えた場合（英語で答えるのが難しそうな場合には、日本語でも十分）

ここが伸びる!

絵があるのでイメージと一緒に英単語を覚えることができます。絵を探すことで観察力や識別力も身につきます。

おすすめ年齢 3歳程度〜

英語でしりとり風

遊び方

1 Aから順番に、そのアルファベットで始まる言葉を言っていきます。
ママ／パパ：A is for apple.
子ども：B is for box.
ママ／パパ：C is for cat.……

ここが伸びる！

アルファベットとそれぞれを頭文字にした単語が定着しやすい。また想像力や識別力などもつきやすい。

POINT

- 『A is for Apple』の絵本（p.99参照）を読んだあとにやると効果的。またアルファベットが全部わからなくても、アルファベットと単語が一緒に書かれているカードなど、サポートしてくれる道具があればできます。
- 単純にＡからＺまでの単語を順番に言っていくのも楽しいですね。たとえば、apple(りんご) →box(箱) →cat(猫) →dog(犬) →egg(卵) →fun(楽しい) →good(良い) →happy(幸せな) などなど。

こんな英語を使ってみよう 9

- ▶ **A is for apple.**(りんご)
- ▶ **B is for box.**(箱)
- ▶ **C is for cat.**(ねこ)
- ▶ **D is for dog.**(いぬ)
- ▶ **E is for egg.**(たまご)
- ▶ **F is for fun.**(楽しい)
- ▶ **G is for good.**(良い)
- ▶ **H is for happiness.**(幸せ)
- ▶ **I is for ice cream.**(アイスクリーム)
- ▶ **J is for Japan.**(にほん)
- ▶ **K is for kitchen.**(キッチン)
- ▶ **L is for like.**(好き)
- ▶ **M is for move.**(動く)
- ▶ **N is for number.**(数)
- ▶ **O is for orange.**(オレンジ)
- ▶ **P is for peach.**(桃)
- ▶ **Q is for question.**(質問)
- ▶ **R is for rain.**(雨)
- ▶ **S is for salt.**(塩)

＊**fun**や**happiness**では顔の表情をつくってみたり、できるだけ動作もまじえながら単語を発声してみましょう。

おすすめ年齢 3歳程度〜

数のマッチング

遊び方

1 数字マグネットをマグネットボードに適当な順番に置く。
それをそのまま家庭用プリンターなどでプリントする（A4サイズ1枚におさまるように）。

2 ①でプリントした紙をボードに貼る。
紙の数字の上に、同じ数字のマグネットを乗せてマッチングする。

POINT

- 始める前に、0から10までの数字を英語で数えてから、この遊びに入ると数字を覚えやすいです。
- 子どもの年齢が小さいときは0、1、2だけなど使う数字を少なくして遊ぶのがおすすめ。
- 数字マグネットとマグネットボードは100円ショップなどで購入できます。

こんな英語を使ってみよう 10

- **Let's count from one to ten!**
  （1から10まで数えてみよう！）
- **What's this number?**
  （この数字は何？）
- **So, You have number 3.**
  （3の数字を持っているよね）
- **Where is 3 on the board?**
  （ボードで3はどこにあるかな？）
- **Yes, they are the same number!**
  （そう、同じ数字だね！）

ここが伸びる！

英語の数字が覚えやすいだけでなく、集中力や識別力が身につきます。

おすすめ年齢 2歳程度～

一緒に数えよう

遊び方

1. おうちなら照明の数や、クローゼットにかかっている洋服、タオルの枚数などを数える。
お外なら石ころや葉っぱ、どんぐり、木の枝などを見つけたら「何個（何本）?」と聞いてみる。
2. お外なら石ころや葉っぱなどを並べたり、積み上げたりしながら、一緒に数をカウントしてみる。

POINT

- お外には普段触れられないものが多いので、手指の感覚を伸ばすことができておすすめです。

こんな英語を使ってみよう 11

■室内では

▶ **“How many lights are there?”**
(照明はいくつあるかな?)

▶ **“How many towels are there?”**
(タオルは何枚あるかな?)

■外遊びでは

▶ **“Look! There are so many leaves!”**
(見て！　葉っぱがたくさんあるよ!)

▶ **“How many stones are there?”**
(石ころ、いくつあるかな?)

▶ **“Let’s count together.”**
(一緒に数えてみよう。)

＊**one, two, three**と数えながら積み上げたり、並べたりしてみましょう。

ここが伸びる！

数を数えられるようになります。お外遊びのときに行なえば、自然を五感で楽しみ感受性が豊かに。

おすすめ年齢 1歳程度～

Five little ducks
（5羽の子アヒル）

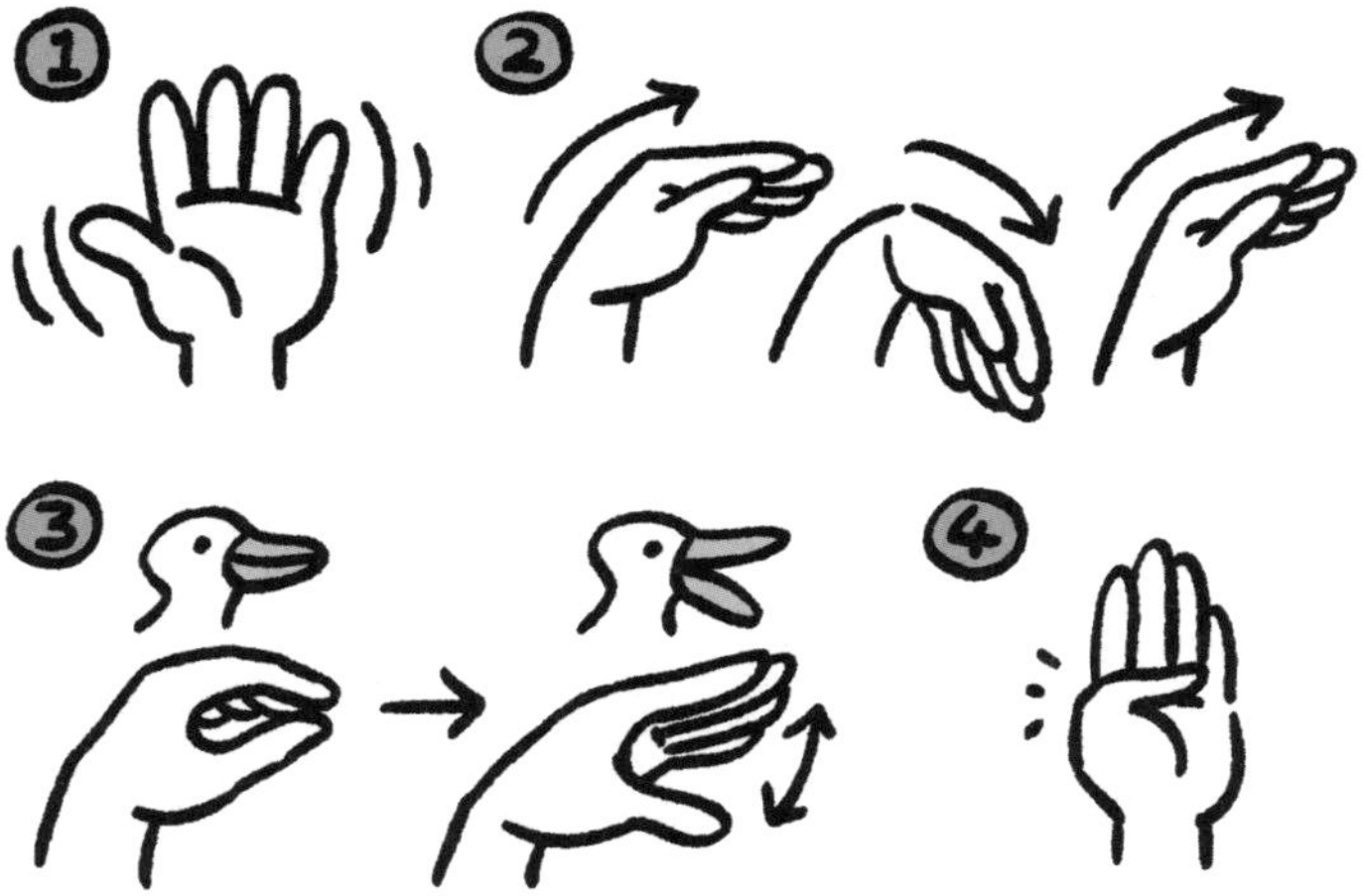

遊び方

まず片手を広げて、親指から小指まで、“one two three four five”と声に出して数えてから“little ducks”と言う。

＊以下、歌詞と指の動かし方です。

1 Five little ducks went out one day.（ある日5羽の子アヒルが出かけました）
［手のひらを見せてバイバイをするときのように動かす］

2 Over the hill and far away.（丘をこえて遠くへ）
［手で波を描くようにして、hill（丘）を表す］

ここが伸びる！

手指を動かすことで脳にも刺激になりますし、1匹ずつ減っていくので数の概念も身につきます。

POINT

- 『Five Little Ducks』という同名の英語絵本もあります。絵本を読んでから手遊びをするとよりイメージがつきやすいかもしれません。
- YouTubeで「Five Little Ducks finger play」と検索すると、いろいろなバージョンの手遊び動画を見ることもできます。

---

3 Mother duck said "Quack, quack, quack, quack."（お母さんアヒルは「クァックァックァックァッ」と鳴きました）
［親指と、それ以外の指をくっつけるようにしてアヒルの鳴くしぐさをする］

4 But only four little ducks came back.（でも戻ってきたのは4羽だけ）
［4本の指で4羽の子アヒルを表現する］
［もうお手上げ、のようなポーズをする］
［手のひらを広げて5羽を表して、うれしそうにニコニコしながら］
親指を曲げて4本にしたまま、①〜③を繰り返し、④で今度は親指と小指を曲げて3羽のアヒル（ducks）を表現する。このあと2羽、1羽と同じように指の数も減らしていく（*下線部分をthree, two, oneと変えて歌う）。
「1羽」になったあと、①〜③を繰り返したら、

5 But none of her 5 little ducks came back.

6 So sad Mother Duck went out one day, Over the hill and far away.
Mother duck said “Quack, quack, quack, quack.”
［①、②、③を繰り返す。このときは悲しそうに、大げさに泣きマネをしてもOK］

7 And all of her 5 little ducks came back.

おすすめ年齢 4歳程度〜

レインボーフィッシュをつくって遊ぼう

遊び方

1 絵本を読む。
『The Rainbow Fish(にじいろのさかな)』(Marcus Pfister著、Publishers Group UK発行)という絵本を親子で読む。

2 お話に登場するレインボーフィッシュをつくる。
絵本に出てくるキャラクターを製作する。

3 レインボーフィッシュを隠して、探す。
部屋のどこかに②でつくった作品を隠し、子どもに見つけさせる。テーブルの上やいすの下を探したら、わざとママやパパの体の見えにくい部分（背中や足の裏など）に貼っておいて気づかないフリをして子どもにそれを見つけてもらう。

POINT

- さらなるステップとして、YouTubeにある「Rainbow Fish Song」という動画を見ながら、親子で歌ってダンスするのも楽しいでしょう。
- ここで紹介した『The Rainbow Fish』に限らず、ほかの絵本でも同じように遊ぶことができます。クリスマスやハロウィン、イースターなど、季節のイベントに合わせて絵本を選んでアート製作をして、お部屋の中で探してみてもOK。

こんな英語を使ってみよう 12

- **"I need your help!"**（助けが必要なんだ！）
- **"Where is the rainbow fish?"**
  （レインボーフィッシュはどこかな？）
- **"Oh, is it on the table?"**
  （あっ、テーブルの上かな？）
- **"The rainbow fish is on the table."**
  （レインボーフィッシュはテーブルの上にいるよ）
- **"Oh no, it is not!"**（あ〜あ、なかった！）
- **"Oh, what' s this?"**（あれ、これ何だ？）
- **"It' s the rainbow fish!"**（レインボーフィッシュだ！）
- **"Can you pass me the rainbow fish on the table?"**
  （テーブルの上のレインボーフィッシュを渡してくれる？）
- **"Thank you for finding it for me."**
  （見つけてくれてありがとう）

ここが伸びる！

アート制作を通して、色彩感覚が手指の動きを育みます。また、レインボーフィッシュを探す過程でunderやon, behindなどの前置詞も自然に身につけることができます。

付録

日常に英語を取り入れるかんたんフレーズ30

付録①

語彙を増やすには「セガンの3段階」に沿った声かけを

ここまで読み聞かせ、英語遊びなど、子どもが英語を好きになることを目的とした「モンテッソーリ教育式おうち英語」の方法をお話ししてきました。

読み聞かせも英語遊びも、目的は「英語を好きになる」こと。でも、その遊びを通じて、**「語彙」**を増やす工夫もできれば一石二鳥だと思いませんか?

そこでおすすめなのが**「セガンの3段階」**の考え方を使った方法です。

「セガンの3段階」は、障害児教育に力を尽くしたフランス人の医師、エドワード・セガンが考案したもので、モンテッソーリ教育でも取り入れられている手法です。

かんたんに説明すると、物に名称を与え、言葉に置き換えていく練習法です。

赤ちゃんは最初のうち、りんごを見てもそれが何かわかりません。ただ、赤いまるいものです。

赤いまるい物体について「りんご」という名称と概念を獲得するには、誰かが「これはりんごだね」と教え、次には「これは何?」と実物のりんごを示し、さらには写真やイラストを見ても「これはりんご」とわかり、言える。これがものの名称を獲得するステップです。

「セガンの3段階」はものの名前という単語を獲得するステップですが、私はこれを英語の獲得にも使っています。

つまり、英語も同じことで、最初は「まるい赤いものはりんご」と日本語でわかっても英語ではわかりません。

このとき、次のわからないがあります。

① 名前を知らないからわからない

② 知ってるけど言えない

セガンの３段階レッスン（言語）

第１段階	第２段階	第３段階
見たことがある	見たことがあり名前を知っているが名前を言えない	見たことがあり名前を知っていて名前を言える

この段階を経て、「③知っていて言える」という段階に達します。

ですから、まずは実物を前にして①のステップ、「これはりんごです」と教えます。

その次に②のステップ、実物を示して「これは何？」と英語で聞きます。それから絵や写真を見せて同じように「これは何？」と聞く。

それを繰り返すことで「アップル」と英語で言えるようになるのです。

語彙を増やす際に気をつけること

セガンの3段階を応用して語彙を増やす際、気をつけてほしいことがあります。

それは**英語の場合、年齢とわからなさが必ずしも一致**

しないということです。0歳だから名前を知らない、3歳だから名前は知っているけど言えないというわけではないのです。

日本語の場合だと、「この子は1歳だから、この果物の名前を知らないわよね」と思って「これはりんごよ」と教えるはずです。3歳であれば、「これがりんごということはわかっているはずだから、なんで言わないのかな？　恥ずかしいのかな？」と想像すると思います。

ところが、英語の場合、3歳でも「りんごはアップル」と知らない場合もありますよね。それなのに日本語の「りんご」を知っているからと、いきなり「これは何？答えて」と言ってしまうお母さんがとても多いのです。

これでは、英語は上達しません。好きにもなりません。なぜなら、子どもからすると「お母さんが知らない言葉を言えと怒る」ように感じてしまうから。

あくまで、ステップ①「これはりんごだよ」から始めるようにしてください。

語彙を増やすにあたっては、次のような方法がおすすめです

①絵本、フラッシュカード、声かけを使う方法

まずは絵や実物を見せて「Apple」と教えます。

このとき、実況中継をすると記憶に残りやすいのでおすすめです。日本語でもいいので、「Apple、りんごだね。赤いね、まあるいね、甘い香り、ツルツル、サクサク、昨日食べたね、ひんやりだね」など、特徴を伝えましょう。

②〇〇はどこ？　〇〇をちょーだい

子どもが指差しできたり渡したりの反応ができる場合には、「Appleはどこ？」「Appleをちょうだい」と言って持ってきてもらいましょう。英単語を覚えるのが目的なので、そのほかのフレーズ（どこ？　ちょうだい等）は日本語で大丈夫です。

次ページで、セガンの3段階に沿った声かけフレーズを紹介します。

セガンの3段階に沿ったおすすめのフレーズ 13

セガンの段階①	セガンの段階②	セガンの段階③
単語： This is an apple. An apple is red. An apple smells good.	How many apples do you see? Can you pass me the apple please?	What' s this?
（動作を見せながら） Clap,clap,clap! Clap your hands.	Can you clap your hands?	What am I doing?
hands up. hands down. （動作を見せながら。副詞を体感しながら理解できます）	put your hands up. put your hands down.	Simon says, touch your hands! （チャプター4で紹介したサイモンセッズ遊びの中で行なうと効果的です）

付録②
日常に英語を取り入れるかんたんな方法

最後に、日常生活の中に英語をかんたんに取り入れる方法と、取り入れやすいフレーズをご紹介します。

赤ちゃんや子どもの仕事は遊ぶこと……とはいえ、遊び以外の時間も多いことは、今まさに子育て中の皆さんはよくご存知ですよね。

では、遊びの時間以外はどうやって英語を取り入れるとよいでしょう?

私がおすすめしているのは、かかわり、語りかけの際の言葉を英語にすることです。

たとえば、朝起こすとき。

子どもによっては1人で起きてくる子もいますが、多くの場合はパパやママが声をかけて起こすのではないでしょうか。そういうときの呼びかけに英語フレーズを使うのです。普通は「おはよう、朝だよ」などの声かけをするでしょう。この声かけを英語でして、あとは日本語で話すなどもとてもよい方法です。

ほかには**行動の切れ目、たとえば「ごはんだよ」と呼びかけるときや「お風呂に入ろう」と誘うときに、それを英語のフレーズにします。**長い英語は親も話しづらいですし、恥ずかしいですよね。でもかけ声的なフレーズであれば言いやすいものです。

次のページに、1日の流れに沿ったフレーズを表にしました。

前項までにも説明していますが、英語と日本語が入り乱れてしまうと、子どもは混乱してしまいます。あくまでその行動をとる最初のかけ声的に取り入れてください。

1日の生活の中で使いたい！
効果的な英語フレーズ

13

起床

- Good morning sunshine!
- Give mommy/daddy a big smile!

ごはん

- It' s breakfast time!/lunch time!/dinner time!

家遊び

- It' s Playtime!

外遊び

- Look, these are red flowers.
  （red flower部分は外で見つけたものなんでもOK）
- Red flowers smell good.
- I' m going to touch red flowers.

おひるね

- Let' s take a nap!
- Bed time!
- Did you sleep ok?

おやつ

- Are you hungry?
- Do you wanna eat apples?

おふろ

- It' s shower time!
- It' s bath time!
- Can you wash your hair, face, shoulders, tummy, legs?

就寝

- Time for bed!
- Good night ○○（名前）.
- Sleep tight ○○（名前）.
- Give mommy a big hug.
- Give daddy a big hug.

伊藤美佳（いとう　みか）
0歳から天才を育てる乳幼児親子教室「輝きベビーアカデミー」代表理事。幼稚園教諭1級免許、日本モンテッソーリ協会教員免許、保育士国家資格、小学校英語教員免許取得。NPO法人ハートフルコミュニケーションハートフル認定コーチ。サンタフェNLP/発達心理学協会・ICNLPプラクティショナー。日本メンタルヘルス協会認定基礎心理カウンセラー。幼稚園・保育園、スクールで28年間、2万人以上の子どもたちと関わってきた幼児教育のエキスパート。自身の子どもがモンテッソーリ教育の幼稚園ですばらしい成長を遂げたことに感銘を受け、モンテッソーリ教師の資格を取得。現在は、モンテッソーリ教育を取り入れた自身のスクールで幼児教育に携わるほか、全国の保育園・幼稚園・スクールで教員向けの指導もしている。著書に『モンテッソーリ教育×ハーバード式 子どもの才能の伸ばし方』（かんき出版）、『引っぱりだす！ こぼす！ 落とす！ そのイタズラは子どもが伸びるサインです』『モンテッソーリ流 たった5分で「言わなくてもできる子」に変わる本』（以上、青春出版社）などがある。

モンテッソーリ式《しき》「英語《えいご》が好《す》きな子《こ》」の育《そだ》て方《かた》

2024年5月20日　初版発行

著　者　伊藤美佳 ©M.Ito 2024
発行者　杉本淳一

発行所　株式会社日本実業出版社　東京都新宿区市谷本村町3−29 〒162-0845
編集部　☎03-3268-5651
営業部　☎03-3268-5161　振　替　00170−1−25349
https://www.njg.co.jp/

印刷・製本／新日本印刷

ISBN 978-4-534-06103-4　Printed in JAPAN